Dieses Buch gehört:

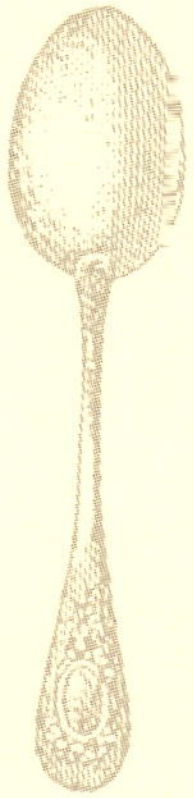

Gisela Allkemper

Kartoffelzeit ist immer!

5 4
ISBN 3-88117-558-X

Gestaltung: Heidrun Schröder
Redaktion: Christiane Leesker

Printed in Belgium

INHALT

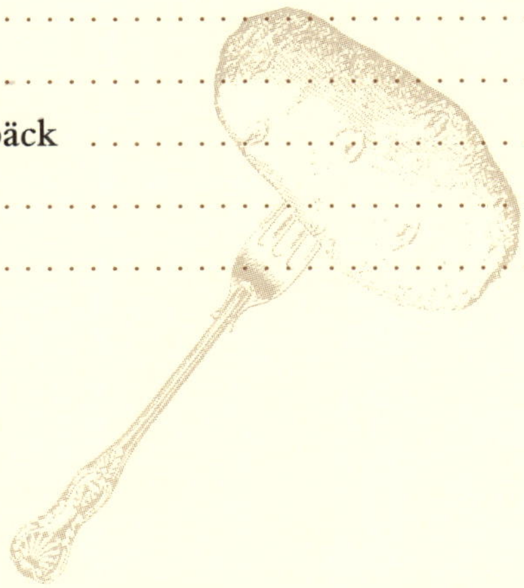

Die Rezepte sind, falls nicht anders angegeben, für 4 Personen berechnet.

VOM GESCHENK DER GÖTTER ZUM VOLKSNAHRUNGSMITTEL NR. 1

Die Inkas des peruanischen Hochlandes nannten sie das „Geschenk der Götter", denn selbst in 5000 Metern Höhe, da, wo nicht einmal mehr Mais wächst, konnte die Kartoffel immer noch gedeihen. Die Inkas wussten die Kartoffeln auch zu konservieren, so dass sie das ganze Jahr hindurch Nahrung hatten. In Scheiben geschnitten, wurden sie durch Wasserentzug und Trocknen (bei abwechselnden Nachtfrösten und heißen Tagen) zu einer Art Kartoffelchips, „chuno" genannt, verarbeitet.

Nach Europa kam die Kartoffel etwa um 1560, als die Spanier sie als Notproviant für ihre Flotte an Bord nahmen. Da die spanischen Schiffe in Sevilla anlegten, wurden sie hier auch zuerst in Europa kultiviert. In den Ausgabe-Büchern des Hospitals de la Sangre in Sevilla wurden im Jahre 1573 erstmals Kartoffeleinkäufe erwähnt.

Unabhängig von der Einführung über Spanien wird von dem Sklavenhändler Hawkins berichtet, dass er die Kartoffel um 1565 von Peru nach Irland brachte. In beiden Ländern konnte sich die Knolle jedoch zunächst nicht durchsetzen. Unter allen europäischen Ländern baute Italien zuerst Kartoffeln in größerem Umfang an und nannte sie „tartufoli", wohl wegen ihrer Ähnlichkeit mit den ebenfalls unterirdisch wachsenden Trüffeln. Der Name wurde hierzulande in „Kartoffeln" eingedeutscht.

Die Unkenntnis der Europäer trieb zuerst eigenartige Blüten. Es wurde Mode, Kartoffeln statt Blumen in den Gärten anzupflanzen. Viele aßen zunächst die solaninhaltigen Früchte des Strauches und mussten – weil Solanin giftig ist – vielerlei Beschwerden erdulden.

Vielspurig aber war der Weg der Kartoffel, bis sie nach Deutschland kam, um sich als Kartoffel, Erdapfel, Grundbirne, Grumbeere o. Ä. bei uns durchzusetzen. Die Iren retteten sich in Hungerzeiten bereits mit Hilfe von Kartoffeln über den Tod hinweg; doch bedurfte es in Deutschland erst der deftigen und befehlsgewohnten Sprache Friedrichs des Großen, um die Kartoffel hier einzubürgern und somit die Bevölkerung während des Siebenjährigen Krieges über die Hungersnot zu retten. Sein Ausspruch „Die Wurzeln sollt ihr fressen, nicht die Früchte" zeugt von der allgemeinen Unsicherheit, sich mit dieser Knolle vertraut zu machen.

Große Verdienste um die Kartoffel erwarb sich auch der Apotheker Antoine Auguste Parmentier, der mit den französischen Truppen nach Deutschland kam und sie dort schätzen lernte. Nach seiner Rückkehr betrieb er eifrigst Kartoffelwerbung, indem er jedes Arzneimittel in Papier einwickelte, auf dem er „seine" Kartoffelsuppen rezeptiert hatte. Sie ist als heiße Suppe heute noch unter dem Namen „Potage Parmentier" und als kalte Suppe unter „Vichyssoise" bekannt. Viel noch könnte man erzählen vom Siegeszug der Kartoffel, der heute gerade einen Höhepunkt erreicht, mit Kartoffelpartys, mit herbstlichen Kartoffelkraut-Lagerfeuern und Ähnlichem. Sie ist also nicht mehr das Brot der Armen, sie ist ein Geschenk der Götter – für uns alle.

Kartoffel ist nicht gleich Kartoffel

Selbst dem Fachmann fällt es oft schwer, alle Kartoffeln mit ihren Sortennamen (zurzeit etwa 200) zu kennen. Einige Sorten haben nur regionale Bedeutung. Dafür sind andere wiederum ausgesprochene Spitzenreiter im Speisekartoffelangebot. Sie sollten sich einige besonders gute und erprobte Sorten merken, um beim Einkauf eine Orientierungshilfe zur Hand zu haben. Wichtige Unterscheidungsmerkmale bei der Kartoffel sind Reifezeitpunkt und Kocheigenschaft. Nach dem Erntezeitpunkt unterscheidet man Frühkartoffeln und Spätkartoffeln. Vom Stärkegehalt hängt es ab, ob die Kartoffel beim Kochen fest bleibt, ob sie mehlig wird oder aber zerfällt. Um dem Verbraucher die Übersicht zu erleichtern, unterscheidet man bei den Speisekartoffeln die drei folgenden Kochtypen: fest kochend, vorwiegend fest kochend, mehlig kochend. Jede Kartoffelsorte hat eine der genannten Kocheigenschaften. Es eignen sich besonders:

☞ fest kochende Sorten für Kartoffelsalat, aber auch für Salz- und Pellkartoffeln

☞ vorwiegend fest kochende Sorten für Salz- und Pellkartoffeln

☞ mehlig kochende Sorten für Kartoffelpüree und Kartoffelpuffer (Reibekuchen), Kartoffelklöße (Knödel), Suppen und Eintopfgerichte.

Das älteste deutsche Kartoffelrezept

Erstlich siedet man sie im Wasser mürbe, und wenn sie erkaltet, so zieht man ihnen die auswärtige Haut ab. Alsdann gießt man Wein darüber und läßt sie mit Butter, Salz, Muskatblumen und dergleichen Gewürzen von neuem kochen, so sind sie bereit. Danach kann man sie mit Hühnern, Rind- oder Kälberbrühe kochen und abwürzen oder sie auch an Hammelfleisch tun. Oder man schneidet die abgekochten Tartuffeln in runde Scheiben und bratet sie in der Pfanne. Oder viertens man schneidet Zwiebeln und Essig dran und läßt es also durchbraten.

Berliner Hofküchenbuch, 1664

Vom Nährwert der Kartoffel

Im botanischen Sinne ist die Kartoffelknolle keine Frucht, sondern ein stark entwickelter unterirdischer Seitenzweig. Sie dient im Wesentlichen der Reservestoffspeicherung für die Mutterpflanze. Das erklärt den hohen Nährstoffgehalt der Kartoffel.

Dass die Kartoffel zum Volksnahrungsmittel Nr. 1 geworden ist, hängt mit ihren vielen positiven Eigenschaften zusammen. Erstens kann man sie ohne große Mühe und Investition selber anbauen. Zweitens lässt sie sich so vielseitig verwenden und verarbeiten, dass sie nie langweilig wird. Drittens, und das ist entscheidend, besitzt sie so viele „innere Werte“ wie kaum ein anderes Gemüse. Gespeichert werden Stärke, Eiweiß und Mineralstoffe. Und Vitamine, unter denen das Vitamin C in beachtlicher Konzentration an der Spitze steht und die Kartoffel zu einem bedeutenden einheimischen Vitamin-C-Träger macht.

Daneben ist der Eiweißgehalt der Kartoffel hervorzuheben, zumal es sich hier um biologisch hochwertige Eiweißbausteine handelt, die zu 80 % für den Aufbau der menschlichen körpereigenen Eiweißstoffe ausgenutzt werden. Damit reichen sie fast an die Bedeutung tierischer Eiweiße heran. Außerdem ergänzen die Kartoffeleiweiße diese in sehr günstigem Verhältnis. Beispielsweise können Kartoffeln in Verbindung mit Eierspeisen (Eier gekocht/gebraten/Rührei) den täglichen Eiweißbedarf eines Menschen nahezu decken.

Dass die Kartoffel in der Diäternährung erfolgreich eingesetzt wird, liegt an ihrem verhältnismäßig geringen Gehalt an Kochsalz (Natriumchlorid). Sie hat nur einen Natriumgehalt von ca. 15 Milligramm pro 100 Gramm Kartoffeln. Dagegen kann das reichlich vorhandene Kalium (ca. 500 Milligramm) im Körper an die Stelle des Natriums mit seiner unerwünscht stark wasserbindenden Wirkung treten. So erklärt sich die beachtliche – wenn auch nur kurzfristige – gewichtsmindernde (weil harntreibende) Wirkung einer Kartoffeldiät, die zugleich blutdrucksenkend ist.

Allgemeines über die Zubereitungsarten

Die wertvollen Inhaltsstoffe – insbesondere die wasserlöslichen Vitamine und Mineralstoffe – erfordern es, dass man folgende Tipps bei der Zubereitung beherzigt. Denn durch Kochen gehen bei einer ungeschälten Kartoffel an Vitamin- und Mineralstoffen verloren: Vitamin B1: 9%, Vitamin C: 11%, Kalium: 0,5%, Eisen: 2%. Bei einer geschälten Kartoffel: Vitamin B1: 15%, Vitamin C: 35%, Kalium: 20%, Eisen: 26%.
Diese Zahlen machen deutlich, wie unsinnig es ist, Kartoffeln am frühen Morgen schon zu schälen, durchzuschneiden und bis zum Kochen am Mittag zu wässern. Also:

☞ Kartoffeln möglichst mit der Schale kochen (Pellkartoffeln).

☞ Kartoffeln möglichst erst kurz vor dem Kochen zubereiten, nicht wässern und mit möglichst wenig Wasser in einem geschlossenen Topf kochen oder dämpfen. Garzeit so kurz wie möglich halten.

☞ Langes Warmhalten fördert den Abbau der Vitamine.

☞ Gekochte Kartoffeln oder Kartoffelgerichte nicht einfrieren. Der Gefrierprozess wandelt die Stärke in Zucker um. Die Kartoffeln schmecken nicht nur süßlich, sondern werden auch grießig und matschig.

☞ Wenn Kartoffeln im Licht gelagert werden, bilden sich, da sie lebende Pflanzen sind, an ihrer Oberfläche grüne Stellen, in denen sich das stark gesundheitsschädigende Solanin anreichert. Solanin ist ein Alkaloid, welches in einer Reihe von Nachtschattengewächsen – zu denen auch die Kartoffelpflanze gehört – vorkommt. Es führt bei erhöhter Konzentration über Kopf- und Magenschmerzen zu Erbrechen, Durchfall, Kreislaufkollaps und schweren Nervenstörungen – also zu gefährlichen Vergiftungserscheinungen. Deshalb sollten grüne Teile der Kartoffelknolle großzügig weggeschnitten bzw. vollständig grüne Knollen nicht verzehrt werden.

☞ Sollten Sie keinen kalten Keller haben, dann ist es ratsam, nur kleine Kartoffelmengen einzukaufen und abgedeckt in einem Pappkarton o. Ä. aufzubewahren. Niemals aber gehören sie in den Kühlschrank.

De ganze Wek Kantüffelsupp,
un sündags is se noch nich up,
un Maandags gifft dat noch keen Fleesch,
un Dinsdags mokt dat Klümp in Leef –
un Mittwuch is se as Grütt so stief
un Donnersdags war se fürn Schietbarg rief
un Fridag kratzt wi de Rest ute Pann
un Sünnabends fangt von vörn wär an!

(aus Schleswig-Holstein)

WÄRMEND UND WOHLTUEND: SUPPEN UND EINTÖPFE

Suppen

Für die durchweg sämigen Kartoffelsuppen werden mehlig kochende Kartoffelsorten bevorzugt. Sie zerfallen während des Kochvorgangs. Manche Suppen werden darüber hinaus auch noch gestampft oder püriert. Wichtig ist allerdings: Suppen sind keine Saucen! Sollte Ihnen also eine Suppe zu dick geraten sein, dann fügen Sie noch Brühe oder Wein hinzu. Natürlich muss dann auch nachgewürzt werden. Andererseits lassen sich manche der genannten Suppen mit mehr festen Zutaten gut zu einem Eintopf „umwandeln".

Kartoffelsuppe „reiche Art“

500 g Kassler, 1 Schinkenknochen, 3 Lorbeerblätter, 3 Nelken, 6 Pfefferkörner, 250 g Zwiebeln, 500 g Möhren, 2 Stangen Lauch, 1,5 kg Kartoffeln (mehlig kochend), 1 EL Kümmel, Salz, Pfeffer, 40 g Fett zum Braten, eventuell etwas Sahne, Petersilie

Das Fleisch und den Schinkenknochen mit den Lorbeerblättern, Nelken und Pfefferkörnern in 2 Liter kochendes Wasser geben und 2 Stunden kochen lassen. Dabei gelegentlich abschäumen. Das Fleisch herausnehmen und zur Seite stellen. Die Brühe durch ein Sieb gießen.
Zwiebeln, Möhren, Lauch und Kartoffeln putzen bzw. schälen und klein schneiden. Das Gemüse in die Schinkenbrühe geben, mit Kümmel, Salz und Pfeffer würzen und etwa 30 Minuten kochen. Inzwischen das Fleisch würfeln, in dem Fett anbraten und evtl. mit etwas Sahne ablöschen. Die Suppe grob durchstampfen und das angebratene Fleisch hinzufügen. Mit viel gehackter Petersilie bestreut servieren.

Kartoffelsuppe für Eilige

1 Glas Muscheln im eigenen Saft, 50 g Butter, 1 Packung Kartoffelsuppe (instant), 1 Prise Zucker, 2–3 EL trockener Sherry, fein geschnittener Schnittlauch, 1 EL rosa Pfefferbeeren

Die Muscheln in einem Sieb abtropfen lassen, den Sud auffangen. Butter in einem Topf zerlassen, die Muscheln kurz darin anbraten. Mit dem Sud und 1 Liter Wasser ablöschen. Aufkochen und Inhalt der Suppenpackung einrühren. Gut durchkochen lassen. Mit Zucker und Sherry abschmecken, Schnittlauch nach Belieben und Pfefferbeeren einstreuen. 5 Minuten ziehen lassen.

Kartoffelsuppe, Hamburger Art

1 kg Kartoffeln (mehlig kochend), 2 Äpfel, 1 Stange Lauch,
1 Messerspitze Ingwerpulver, 2 l Hühnerbrühe, 50 g Butter,
250 g gepulter Granat (Nordseekrabben), 1–2 Knoblauchzehen,
Abrieb von 1 ungespritzten Zitrone, 1/8 l geschlagene Sahne,
1 TL gestoßener bunter Pfeffer (Pfeffermischung),
etwas Zitronensaft, gehackter Dill

Die Kartoffeln und Äpfel schälen, den Lauch putzen, klein schneiden. Alles in der Brühe mit etwas Ingwerpulver garen. Leicht durchstampfen.
Die Butter in einer Pfanne aufschäumen lassen. Krabben, Knoblauch und Zitronenschale kurz anbraten (Vorsicht, die Krabben werden durch zu langes Braten hart und zäh). Mit Sahne ablöschen, aufkochen und mit Pfeffer und Zitronensaft würzen. Die Krabben in die Suppe rühren. Mit gehacktem Dill bestreut servieren.

Deftige Kartoffelsuppe

750 g Kartoffeln (mehlig kochend), 1 große Zwiebel,
1 Stange Lauch, 1 dicke Möhre, 1 Stück Sellerie, 1 Kohlrabi,
2 l Gemüsebrühe, Salz, Pfeffer
Garnitur: 1 Zwiebel, 100 g Schinkenwürfel, Fett zum Braten

Die Kartoffeln schälen. Das Gemüse putzen. Alles grob klein schneiden und in der Brühe weich kochen. Mit einem Mixstab pürieren. Mit Salz und Pfeffer abschmecken.
Für die Garnitur die Zwiebel abziehen und würfeln. Schinken- und Zwiebelwürfel in einer Pfanne braun braten. Auf Küchenkrepp abtropfen lassen. Die heiße Suppe auf Teller verteilen und mit je 1 Esslöffel Garnitur verzieren.

☞ Mit den Schinkenwürfeln Brotwürfel braten und obenauf servieren oder in einem Schälchen extra reichen.

Berliner Kartoffelsuppe

Im Saarland und in der Pfalz isst man diese Suppe fein durchpassiert mit riesigen Stücken „Quetschekuchen", das ist Zwetschgenkuchen, der backblechgroß und rund gebacken wird.

750 g Bio-Rindfleisch, 200 g geräucherte Speckschwarten,
125 g geräucherter durchwachsener Speck, 1 Zwiebel, 1 Stange Lauch,
½ Sellerieknolle, 1 Möhre, 50 g Butter,
1 kg Kartoffeln (mehlig kochend), 1 Lorbeerblatt, Salz, Pfeffer,
1 EL gehackte Petersilie, Muskat, Weißbrotwürfel,
etwas Butter zum Braten

Das Fleisch und die Speckschwarten 2 Stunden in 1 ½ Litern Wasser kochen. Inzwischen den geräucherten Speck und die abgezogene Zwiebel in Würfel schneiden. Den Lauch putzen und in Ringe schneiden. Den Sellerie und die Möhre schälen und würfeln.
Speck und Butter in einem großen Topf zerlassen. Alles Gemüse darin andünsten. Die Kartoffeln schälen, würfeln und nur kurz mit anbraten. Fleisch und Speckschwarten aus der Brühe nehmen und anderweitig verwenden. Die Brühe durchsieben und zum Gemüse geben. Mit dem Lorbeerblatt, Salz und Pfeffer würzen. Alles kochen lassen, bis die Kartoffeln zerfallen. Dann mit dem Stampfer zerdrücken, so dass eine sämige Suppe entsteht. Etwas Muskat zugeben. Die fertige Suppe mit gehackter Petersilie bestreuen. Die Weißbrotwürfel in etwas Butter rösten und zu der Suppe reichen.

Schweizer Kartoffelsuppe

6 große Kartoffeln (mehlig kochend), 2 Knoblauchzehen, 1 Stange Lauch, ½ kleiner Kopf Wirsing, 1 Möhre, 2 EL Butter, Salz, Pfeffer, Muskat, frische Kräuter (z.B. Petersilie, Schnittlauch, Dill, Liebstöckel, Sellerie oder Estragon), 1 Zwiebel, 1 EL Butter, 50 g geriebener Schweizer Käse (z.B. Emmentaler)

Die Kartoffeln schälen. Den Knoblauch abziehen und fein hacken. Das Gemüse putzen bzw. schälen. Den Lauch in Ringe schneiden, den Wirsing in Streifen schneiden (die dicken Rippen entfernen). Die Möhre würfeln.
Die vorbereiteten Zutaten in Butter kurz anbraten, mit 2 Litern Wasser auffüllen und mit Salz, Pfeffer und Muskat würzen. Etwa 45 Minuten kochen lassen. Die Kräuter fein hacken. Die Zwiebel abziehen, in Ringe schneiden und in der Butter rösten. Ist die Suppe gar, wird sie leicht durchgestampft, mit Käse, Kräutern und Zwiebelringen bestreut und sofort serviert.

Böhmische Kartoffelrahmsuppe mit gebratenen Steinpilzen

500 g Kartoffeln (mehlig kochend), 1 Zwiebel, 1 ½ l Brühe, Salz, ½ TL Kümmel, 300 g frische Steinpilze, 60 g Butter, ¼ l saure Sahne, 1 Lorbeerblatt, Dill, 1–2 Eier

Die Kartoffeln und Zwiebel schälen und würfeln. Beides in der Brühe mit etwas Salz und Kümmel garen.
Die Pilze säubern, eventuell etwas zerkleinern und in Butter anbraten. Mit der Sahne ablöschen, mit Lorbeerblatt und Dill würzen und in die Suppe rühren. Gut durchkochen. Das Lorbeerblatt entfernen. 1–2 Eier mit etwas kaltem Wasser verquirlen und die heiße, aber nicht mehr kochende Suppe damit binden.

☞ Liebhaber leichter Suppen verzichten auf die Eier.

Russische Suppe

Unter dem Namen „Russische Suppe“ sind zwei Varianten bekannt, zum einen ein deftiges Gericht mit Sauerkraut und durchwachsenem Speck, zum anderen folgendes Rezept mit Roter Bete.

500 g Kartoffeln (mehlig kochend), 300 g Rote Bete, 100 g Möhren, 1/4 Sellerieknolle, 1 große Zwiebel, 50 g Butter, 1/2 TL Zucker, 1 1/2 l Gemüsebrühe, 2 Lorbeerblätter, je 1 Prise Muskat und Piment, 1/2 TL abgeriebene Schale von 1 unbehandelten Zitrone, Salz, Pfeffer, je 2 TL Zitronensaft, je 200 g saure Sahne und cremig gerührter Joghurt

Kartoffeln, Rote Bete, Möhren, Sellerie und Zwiebel schälen und würfeln. In einem großen Topf die Butter auslassen. Die Zwiebelwürfel darin glasig anbraten, mit Zucker bestreuen und bräunen. Mit der Brühe ablöschen. Das Gemüse dazugeben, mit Lorbeer, Muskat, Piment und Zitronenschale würzen und 10–15 Minuten kochen lassen. Die Suppe danach mit Salz, Pfeffer und Zitronensaft abschmecken. Saure Sahne und Joghurt zusammen schaumig rühren und zur Suppe reichen.

Kartoffelsuppe aus den Niederlanden

In kleinen Portionen serviert, dient diese Suppe als Vorgericht. Mit geriebenem Käse überbacken, kann durchaus ein Hauptgericht daraus werden.

500 g Kartoffeln (mehlig kochend), 2 Stangen Lauch, 1/4 Sellerieknolle, 50 g Butter, 1 l Brühe, 1 EL Sahneschmelzkäse, 1/4 l warme Milch, 125 g Gouda in Würfeln

Kartoffeln, Lauch und Sellerie putzen und klein schneiden. Die Butter in einem Topf zerlassen und das Gemüse darin anbraten. Mit Brühe ablöschen. Den Schmelzkäse zufügen und 20 Minuten kochen lassen. Gelegentlich umrühren. Danach pürieren, die Milch zufügen und die Suppe mit kleinen Käsewürfeln obenauf servieren.

Rumford-Suppe

Benjamin Thompson (1753–1814), amerikanischer Physiker und Politiker, floh während des Unabhängigkeitskrieges nach Europa und trat als wirtschaftlicher und militärischer Berater in die Dienste des Kurfürsten Karl Theodor von der Pfalz ein. Er legte den Englischen Garten in München an und führte die Kartoffel als Volksnahrungsmittel in Bayern ein. Dafür wurde er vom Kurfürsten zum Grafen Rumford geadelt und mit großen Reichtümern beschenkt. Rumfords Ziel war es, den Menschen zu helfen und die Armut in der Welt zu lindern. So ließ er z.B. täglich diese kräftige Suppe kochen und verteilte sie kostenlos an die Armen der Stadt.

125 g getrocknete Erbsen, 1 Zwiebel, 2 Bund Suppengrün,
60 g Gerstengrütze, 5–7 große Kartoffeln (mehlig kochend),
80 g gewürfelter durchwachsener Speck, Salz, Petersilie

Die Erbsen über Nacht einweichen und in 2 Liter frischem Wasser in ca. 15 Minuten weich kochen. Durch ein Sieb geben und den Sud auffangen. Die Zwiebel schälen und hacken. Das Suppengrün putzen bzw. schälen und klein schneiden. Die Grütze gut waschen und abtropfen lassen. Die Kartoffeln schälen und würfeln.
Den gewürfelten Speck in einem Topf auslassen und darin die Zwiebel, das Suppengrün und die Grütze anbraten. Das Erbsenkochwasser angießen, etwas salzen und nach 15 Minuten die Kartoffeln dazugeben. Inzwischen die Erbsen durch ein Sieb streichen, die Suppe damit andicken. Wenn die Kartoffeln gar sind, nochmals abschmecken. Mit Petersilie bestreut servieren.

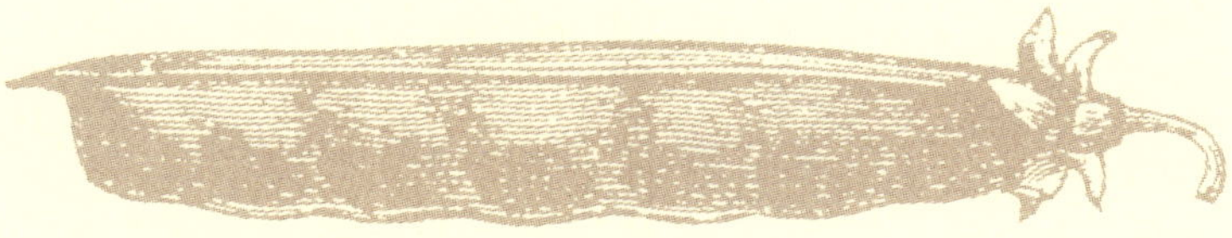

Vichyssoise

Diese eiskalt servierte Lauch-Kartoffel-Suppe hat ihren Namen von dem Ort Vichy in Frankreich, dem Geburtsort von Louis Diat, der vor dem 1. Weltkrieg Chefkoch im Ritz-Carlton-Hotel in New York war und seine Heimatstadt verewigen wollte.
Heiß serviert ist diese Suppe als „Potage Parmentier" bekannt. Der Apotheker Antoine-Auguste Parmentier versuchte seine Landsleute vom Wert der Kartoffel zu überzeugen, indem er jede Arznei in ein Papier, auf das ein Kartoffelrezept gedruckt war, einwickelte.

250 g Lauch, 1 Zwiebel, 4 große Kartoffeln, 40 g Butter,
$^{3}/_{8}$ l Hühnerbrühe, $^{1}/_{4}$ l Milch, $^{1}/_{4}$ l Sahne, 1 Eigelb, Salz,
1 Bund Schnittlauch

Den Lauch putzen, die Zwiebel schälen und beides in Ringe schneiden. Die Kartoffeln schälen und würfeln. Alles Gemüse in Butter anbraten, mit Brühe ablöschen und 15 Minuten garen. Danach pürieren. Milch und $^{1}/_{8}$ Liter Sahne mit dem Eigelb verquirlen und in die heiße Suppe geben; nicht mehr kochen. Mit Salz abschmecken, auskühlen lassen. Die restliche Sahne steif schlagen. Die Suppe auf Teller verteilen und mit je einem Sahneklecks und gehacktem Schnittlauch garnieren.

☞ Statt des Schnittlauchs Streifen von Räucherlachs und gehackten Dill auf die Suppe geben.

Bulgarische kalte Gurkensuppe

*4 dicke Pellkartoffeln (mehlig kochend), 1 Salatgurke,
4 EL Sonnenblumenöl, 3 Knoblauchzehen,
500 g cremig gerührter Joghurt, 200 g Sahne,
Salz, Pfeffer, Dill, gehackte Nüsse*

Die Kartoffeln pellen und würfeln. Die Gurke schälen und in kleine Würfel schneiden. Das Öl in eine Schüssel geben, die Knoblauchzehen abziehen und dazupressen. Joghurt und Sahne einrühren, Kartoffel- und Gurkenwürfel unterheben. Salzen, pfeffern und mit viel gehacktem Dill verrühren. Die Nüsse in einer Pfanne ohne Fett rösten. Die gut gekühlte Suppe damit bestreuen.

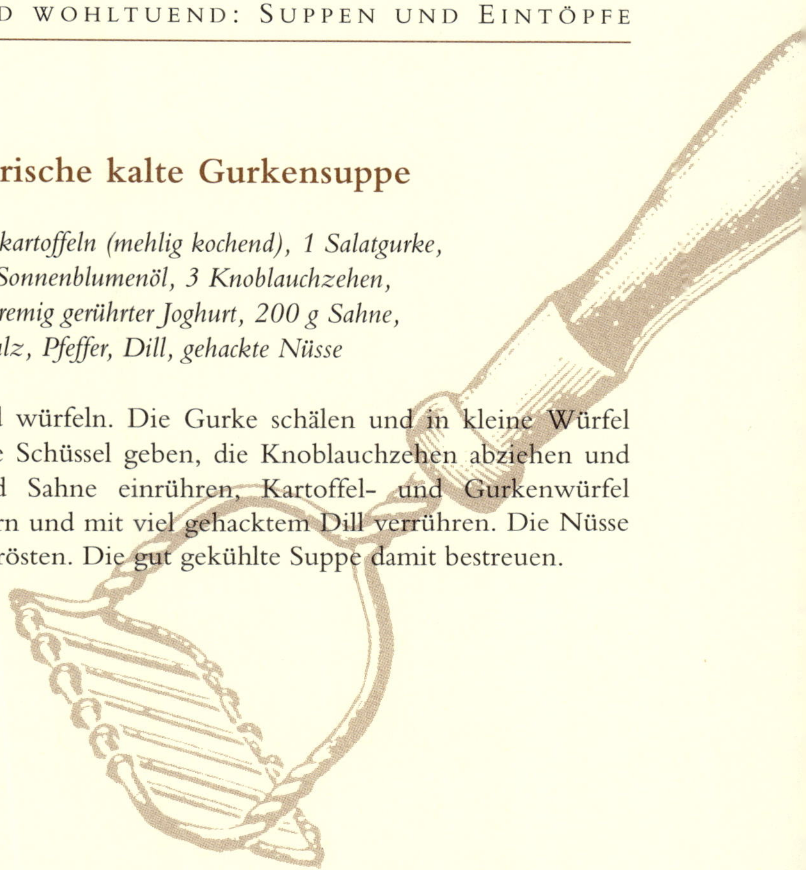

Sommerliche Kartoffelsuppe mit Gänseblümchen

*1 dicke Zwiebel, 1 Stange Lauch, 500 g Kartoffeln (mehlig kochend),
1 EL Butter, 1 l Hühnerbrühe, Salz, Pfeffer, 1 TL Majoran, 1/4 l Milch,
1/8 l Sahne, 1/8 l Weißwein, frische Gänseblümchen*

Die Zwiebel schälen und fein hacken. Den Lauch putzen und in Ringe schneiden. Die Kartoffeln schälen und würfeln.
Butter in einem Topf zerlassen. Zwiebel, Lauch und Kartoffelwürfel darin anschwitzen. Mit Brühe aufgießen und mit Salz, Pfeffer und Majoran würzen. Kochen, bis die Kartoffeln zerfallen, danach kurz stampfen. Milch, Sahne und Wein zufügen. Die Suppe noch einmal aufkochen lassen und danach kalt stellen. Gut gekühlt servieren. Mit Gänseblümchenblüten dekorieren.

☞ Die Sahne steif schlagen und als Häubchen auf die Suppe setzen. Darüber dann die Gänseblümchenblüten streuen.

Eintöpfe

Schneller Kartoffel-Lauch-Eintopf

500 g Lauch (nur das Weiße), 1 kg Kartoffeln (mehlig kochend), 4 EL Öl, 50 g gewürfelter durchwachsener Speck, 1 Beutel Zwiebelsuppe (instant), 1 TL Majoran, 1 Glas Cocktailwürstchen, viel Schnittlauch

Den Lauch putzen, längs halbieren und dann in fingerlange Stücke schneiden. Die Kartoffeln schälen und vierteln. Öl in einem Topf erhitzen. Speckwürfel, Lauch und Kartoffeln darin anbraten. Mit ½ Liter Wasser ablöschen und aufkochen. Danach das Zwiebelsuppenpulver einrühren. Mit Majoran würzen und 15 Minuten kochen lassen. Kurz vor dem Servieren die Cocktailwürstchen in der nicht mehr kochenden Suppe erhitzen und das Gericht mit viel Schnittlauch bestreut servieren.

☞ Im Wallis überstreut man das Gericht mit grob geriebenem Walliser Käse.

☞ Die Suppe mit einem Schuss Weißwein verfeinern.

☞ Statt der Würstchen Krabben oder Räucherlachsstreifen hineingeben und mit gehacktem Dill bestreuen. Schmeckt im Sommer auch gut gekühlt.

☞ Gehacktes anbraten und in die Suppe geben.

☞ Mit einem Sahnehäubchen und mit einem Klecks rosa Kaviar servieren.

Kartoffel-Lachs-Eintopf

1 unbehandelte Zitrone, 2 Zwiebeln,
1 Zweig Thymian, 2 Lorbeerblätter, 4 Gewürznelken,
1 1/2 l Brühe (kräftig abgeschmeckt), 1 kg Kartoffeln (mehlig kochend),
500 g frisches Lachsfilet, 1 kleines Glas trockener Weißwein,
2 EL gehackte Petersilie oder 1 EL Dillspitzen

Die Zitrone auspressen, die Schale aufheben. Die Zwiebeln schälen. Zitronenschale, Zwiebeln, Thymian, Lorbeerblätter und Nelken in der Brühe 10 Minuten kochen lassen. Die Kartoffeln schälen und längs vierteln. Den Lachs in esslöffelgroße Stücke schneiden und mit dem Zitronensaft beträufeln. Die Brühe durch ein Sieb gießen. Die Kartoffelstücke 10 Minuten darin garen. Danach den Lachs einlegen und einige Minuten gar ziehen lassen, aber nicht mehr kochen. Mit Weißwein abschmecken, mit Petersilie oder Dill bestreut servieren.

☞ Mit dem Lachs einige abgezogene Kirschtomaten garen.

Bremer Kartoffelsuppe

2 Stangen Lauch, 500 g Bio-Rindfleisch (z.B. Tafelspitz, Brust o. Ä.),
1 TL Pfefferkörner, 2 l Brühe, 1 kg Kartoffeln (mehlig kochend),
1 TL Majoran, 1 Prise Muskat, 2 Zwiebeln, 6 dicke Scheiben Lyoner Wurst,
50 g geräucherter durchwachsener Speck in Würfeln,
1 EL Schmalz, je 1 EL gehackte Petersilie und Kerbel

Den Lauch putzen und klein schneiden. Das Fleisch mit dem Lauch und den Pfefferkörnern in der Brühe ungefähr 1 1/2 Stunden kochen. Danach die Brühe durchsieben. Das Fleisch in große Würfel schneiden und beiseite stellen.
Die Kartoffeln schälen, würfeln und mit Majoran und Muskat in der Brühe garen. 4 Esslöffel Kartoffelwürfel beiseite stellen. Die übrigen pürieren. Die Zwiebeln abziehen und hacken. Die Lyoner Wurst in Würfel schneiden. In einem Topf das Suppenfleisch und die Wurst mit Speckwürfeln und Zwiebeln in Schmalz kurz anbraten und die Brühe angießen. Die Kartoffelwürfel zufügen und das Ganze kurz aufkochen lassen. Mit Petersilie und Kerbel bestreut servieren.

Hanseatischer Labskaus

1 kg Pökelfleisch vom Bio-Rind, 1 Lorbeerblatt, 2 Gewürznelken, 1 Möhre, 4 Salzheringe, 1 kg Kartoffeln (mehlig kochend), 2 EL Schweineschmalz, 2 Zwiebeln, Salz, Pfeffer, Muskat, etwas heiße Brühe
Außerdem: Rote Bete, Gewürzgürkchen, 1–2 Spiegeleier pro Person

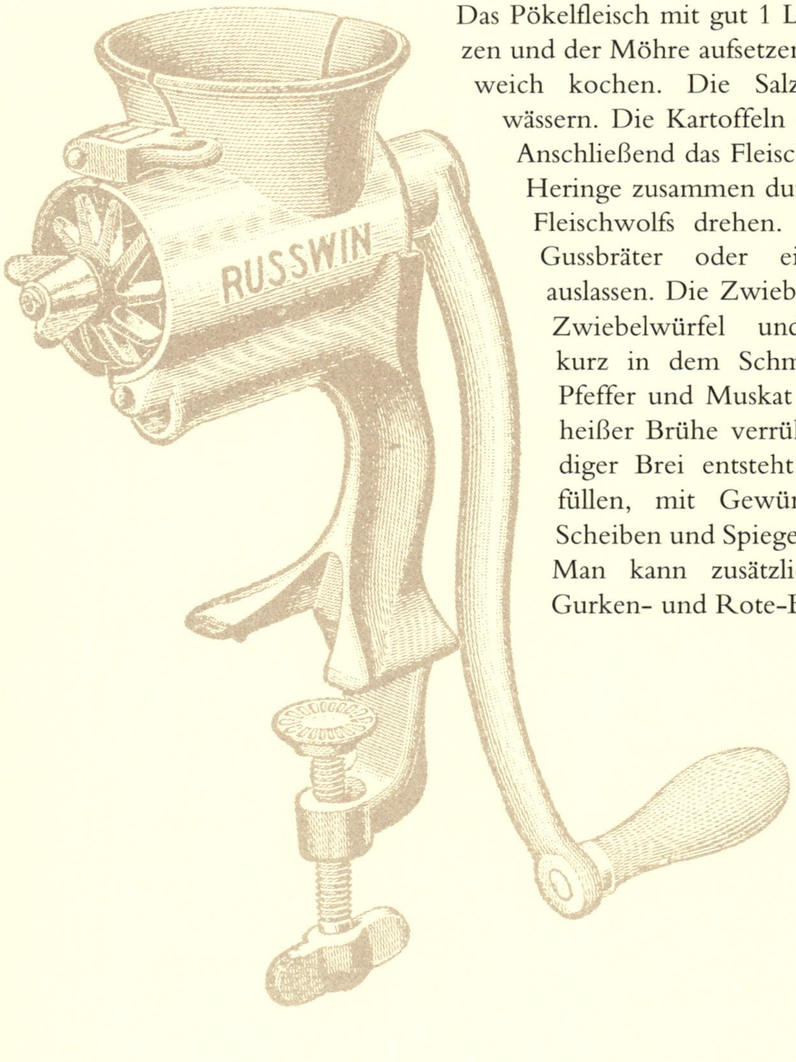

Das Pökelfleisch mit gut 1 Liter Wasser, den Gewürzen und der Möhre aufsetzen und in ca. 1 ½ Stunden weich kochen. Die Salzheringe entgräten und wässern. Die Kartoffeln schälen und gar kochen. Anschließend das Fleisch, die Kartoffeln und die Heringe zusammen durch die feine Scheibe des Fleischwolfs drehen. Das Schmalz in einem Gussbräter oder einer schweren Pfanne auslassen. Die Zwiebeln schälen und würfeln. Zwiebelwürfel und Kartoffel-Fleisch-Brei kurz in dem Schmalz anbraten, mit Salz, Pfeffer und Muskat würzen und mit so viel heißer Brühe verrühren, dass ein geschmeidiger Brei entsteht. Diesen in tiefe Teller füllen, mit Gewürzgürkchen, Rote-Bete-Scheiben und Spiegeleiern obenauf garnieren. Man kann zusätzlich in den Brei noch Gurken- und Rote-Bete-Streifen mengen.

Spanisch Fricco

500 g Gulasch, 40 g Butter, Salz, schwarzer Pfeffer, Paprikapulver, 1/8 l Fleischbrühe, 1 Lorbeerblatt, 1 Gewürznelke, 4 Zwiebeln, 1 kg Kartoffeln (mehlig kochend), etwas Öl
Außerdem: Butter für die Form, 1/4 l saure Sahne, 30 g Butter

Das Fleisch in Fett rundum braun anbraten und mit Salz, Pfeffer und Paprika würzen. Die Fleischbrühe angießen, das Lorbeerblatt und die Nelke einlegen und 20 Minuten zugedeckt schmoren lassen.
Inzwischen Zwiebeln und Kartoffeln schälen, in Scheiben schneiden und in Öl anbraten. Eine feuerfeste Form einfetten. Fleisch, Kartoffeln und Zwiebeln lagenweise einschichten. Dabei die Kartoffeln salzen und pfeffern. Mit einer Kartoffelschicht abschließen. Mit verschlagener saurer Sahne übergießen, mit Butterflöckchen belegen. Die Form verschließen (Deckel oder Alufolie) und im vorgeheizten Ofen bei 220 °C etwa 1 Stunde garen. Spanisch Fricco wird in der Form serviert – so schreibt es schon Henriette Davidis vor, die dieses Rezept erstmals niederschrieb.

Normannische Kartoffeln

1 kg Kartoffeln (mehlig kochend), 2 Stangen Lauch, 4 Zwiebeln, 40 g Butter, 50 g geräucherter durchwachsener Speck in Würfeln, 1/4 l Fleischbrühe, 1/4 l Sahne, Salz, Pfeffer

Die Kartoffeln schälen und in dünne Scheiben schneiden. Lauch putzen, Zwiebeln häuten und beides in Ringe schneiden. Die Butter in einem Topf auslassen. Zwiebel- und Lauchringe sowie Speckwürfel darin kurz anbraten. Die Kartoffelscheiben darauf legen. Fleischbrühe und Sahne angießen, salzen und pfeffern und bei geschlossenem Topf garen. Die Kartoffeln sind gar, wenn alle Flüssigkeit verdampft ist. Das Gericht vorsichtig umrühren. Dazu schmeckt eine knusprige Bratwurst oder auch eine Hähnchenkeule.

Original Irish Stew

500 g Hammelfleisch ohne Fett, 750 g Kartoffeln (mehlig kochend), 500 g Zwiebeln, Fett für die Form, Salz, Pfeffer, Thymian, 1/2 l Fleischbrühe

Das Fleisch würfeln. Kartoffeln und Zwiebeln schälen und in Scheiben schneiden. Eine feuerfeste Form einfetten, lagenweise Fleisch, Kartoffeln und Zwiebeln einschichten. Jede Schicht mit Salz, Pfeffer und Thymian würzen. Die oberste Schicht sollte aus Kartoffeln bestehen. Fleischbrühe angießen und den Topf schließen. Im vorgeheizten Backofen 60–70 Minuten bei 175 °C garen.

☞ Hierzulande wird dieses Gericht oft mit Möhren und Weißkohlstreifen sowie Kümmel variiert.

Himmel und Erde mit Blutwurst

Dieses Rezept kommt aus dem Rheinland. Der Name rührt her von den Zutaten, die einmal „im Himmel" wachsen, sprich: Äpfel, und zum anderen „in der Erde", sprich: Kartoffeln.

1 kg Kartoffeln (mehlig kochend), 1 kg Äpfel (z.B. Boskop), 1 große Zwiebel, 40 g Fett, Salz, Zucker, 500 g Blutwurst (nicht zu fett), 40 g Bratenfett

Die Kartoffeln schälen und würfeln. Die Äpfel schälen und klein schneiden. Die Zwiebel abziehen und in Scheiben schneiden. Das Fett in einem Topf zerlassen und die Zwiebel darin andünsten. Die Kartoffelwürfel ebenfalls kurz anbraten. Mit 3/8 Litern Wasser ablöschen und 15 Minuten kochen. Danach salzen, mit den Apfelstücken belegen, zuckern und 10 Minuten durchschmoren lassen. Das Gericht grob stampfen.
Die Blutwurst in dicke Scheiben schneiden und im Bratenfett von beiden Seiten anbraten. Den Eintopf in eine Schüssel geben und mit den Blutwurstscheiben bedeckt servieren.

☞ Blutwurst ist nicht jedermanns Sache, Bratwurst dazu schmeckt auch gut!

Kartoffelgulasch

500 g Gulasch, Fett zum Braten, Salz, Pfeffer, Paprikapulver, 1 ½ l Brühe, 1 kg Kartoffeln (mehlig kochend), 2 Paprikaschoten, 500 g Zwiebeln, 1 Zweig frischer oder ½ TL getrockneter Thymian, Sahne zum Abschmecken

In einem großen Topf oder Bräter das Gulasch im Fett scharf anbraten und mit Salz, Pfeffer und Paprikapulver kräftig würzen. Danach mit wenig Brühe ablöschen. Das Fleisch 1 ½ Stunden schmoren, dabei die Brühe immer wieder einkochen lassen und nur so viel nachfüllen, dass es nicht anbrennt.
Die Kartoffeln schälen und würfeln, die Paprikaschoten putzen und klein schneiden, die Zwiebeln abziehen und hacken. 15 Minuten vor Ende der Garzeit alles Gemüse zum Fleisch geben, mitschmoren und mit dem Rest der Brühe auffüllen. Mit Thymian würzen. Zum Schluss etwas Sahne unterrühren.

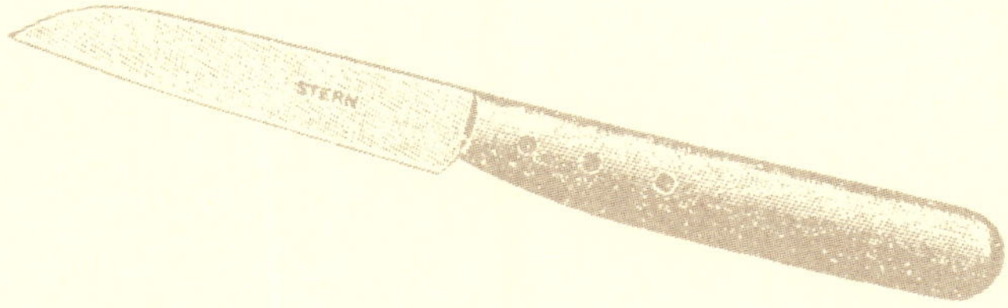

Mexikanische Kartoffelsuppe

1 kg Kartoffeln (mehlig kochend), 500 g Zwiebeln, 500 g Tomaten, 2–3 Chilischoten, 60 g Schmalz, Salz, Pfeffer, Paprikapulver, 2 l Gemüsebrühe, 250 g frisch geraspelter Hartkäse (z.B. Parmesan)

Die Kartoffeln schälen und in dicke Scheiben schneiden. Die Zwiebeln häuten und in Ringe schneiden. Die Tomaten überbrühen und abziehen. Danach vierteln und das weiche Innere herausschaben. Die Chilischoten vom Stielansatz befreien, halbieren und den Samen ausschaben. Danach winzig klein würfeln.
Schmalz in einem Topf erhitzen. Kartoffeln und Zwiebeln darin anbraten, mit Salz, Pfeffer und Paprika bestäuben, durchrühren und mit Brühe ablöschen. Chiliwürfel zufügen. 10–15 Minuten garen, dabei die Flüssigkeit etwas einkochen lassen. Zum Schluss das Tomatenfleisch in der Suppe erhitzen. Den geriebenen Käse zur Suppe reichen.

Caldo Verde
Portugiesische grüne Kartoffelsuppe

Caldo Verde ist wohl das berühmteste Wintergericht Portugals. Die Suppe ist so beliebt, dass man ihre Zutaten im Supermarkt schon fertig vorbereitet und abgepackt kaufen kann. Vielleicht wundert es Sie, ein Grünkohlgericht in Portugal zu finden! Aber auch hier sind die Winter – vor allem nachts – kalt und „Kohl wärmt", sagen die Portugiesen. Auch in Spanien wird dieser Gemüseeintopf gern gegessen.

*500 g Grünkohl, 500 g Kartoffeln (mehlig kochend), 2 Knoblauchzehen,
1 Zwiebel, 2 EL Olivenöl, 1 l Brühe, Salz, Pfeffer, 1/4 l Sahne,
1 Scheibe Weißbrot, 1 Zwiebel, Olivenöl zum Braten,
2 hart gekochte Eier*

Den Grünkohl sorgfältig waschen und fein schneiden, dabei die dicken Rippen entfernen. Die Kartoffeln schälen und würfeln, ebenso den Knoblauch und die Zwiebel. Das Öl in einem Topf erhitzen, Knoblauch- und Zwiebelwürfel darin anbraten. Kohlstreifen und Kartoffelwürfel kurz mitdünsten, dann mit Brühe ablöschen und 30 Minuten kochen lassen. Mit Salz und Pfeffer würzen und mit Sahne verfeinern.
Für die Garnitur das Weißbrot würfeln, die Zwiebel schälen und in Ringe schneiden. Beides in Öl rösten und zusammen mit den gehackten Eiern zum Eintopf reichen.

Orientalischer Kartoffelkessel

In vielen Städten des Orients existieren die so genannten Garküchen, die preiswert und gehaltvoll auch die Armen sättigen. Die Idee hat auch bei uns, der Fastfood-Gesellschaft, Freunde gefunden. Und so gibt es auch hier immer mehr Suppenküchen mit Gerichten von ganz schlicht bis exotisch-köstlich.
Dieses Gericht wird im Original mit Reis zubereitet, meine persönliche Variante mit Kartoffeln schmeckt aber ebenfalls wundervoll.

1 dicke Zwiebel, 500 g Kartoffeln (mehlig kochend), 200 g Brokkoli, 1 Möhre, 4–6 Kirschtomaten, 3 EL Kürbiskernöl, 3 TL Curry, 3 Knoblauchzehen, 1 l Gemüsebrühe, ½ TL abgeriebene Schale von 1 unbehandelten Zitrone, je 1 Prise Zimt und Chilipulver (oder 2 Spritzer Sambal Oelek), 1 TL Zitronensaft, Petersilie, 200 g Kräuter-Crème-fraîche, etwas Milch

Die Zwiebel häuten und würfeln. Die Kartoffeln schälen und grob würfeln. Den Brokkoli putzen und in kleine Röschen zerteilen. Die Möhre säubern und in Scheiben schneiden. Die Tomaten in heißem Wasser kurz blanchieren und häuten.
Das Öl in einem Topf erhitzen, den Curry kurz darin anrösten. Die Knoblauchzehen abziehen, pressen und mitrösten. Mit der Brühe ablöschen. Zitronenschale, Zimt, Chilipulver (bzw. Sambal Oelek), Kartoffeln und Möhrenscheibchen zugeben und 10–15 Minuten garen. Danach mit Zitronensaft würzen. 5 Minuten vor Ende der Garzeit die Brokkoliröschen und die Tomaten mitkochen. Mit Petersilie bestreut zu Tisch geben. Crème fraîche mit Milch glatt rühren und extra dazu reichen.

☞ Wenn Sie statt des Currys Ihre eigene Gewürzmischung herstellen wollen, benötigen Sie 1 Teelöffel Cumin, 1 Teelöffel Koriander, 1 Teelöffel Curcuma und 1 Prise Zimt.

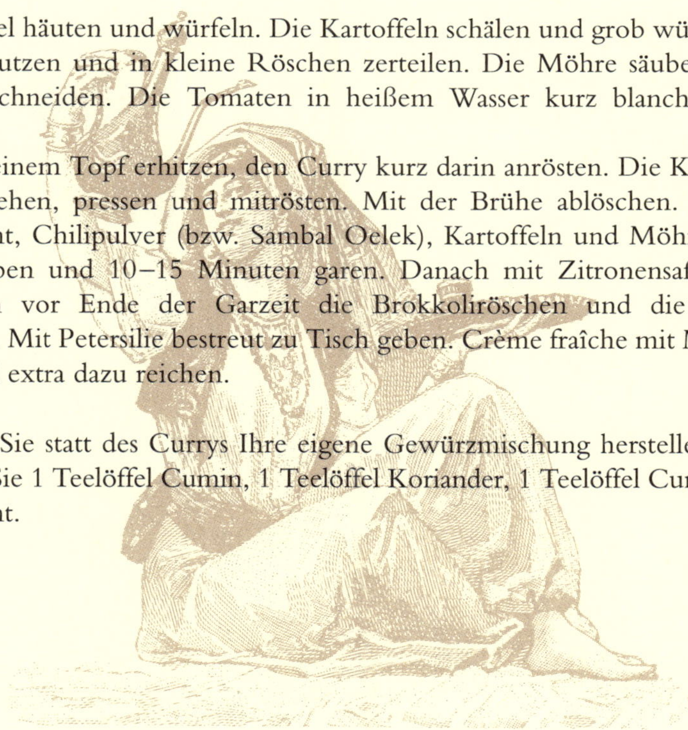

Erdäpfel in da Froih,
mittags in de Bröih,
af d'Nacht in da Heit
Erdäpfel in Ewigkeit!

(aus der Oberpfalz)

IMMER GUT: SALZ- UND PELLKARTOFFELN

Da die Kartoffeln für die folgenden Rezepte ihre Form behalten sollen, werden vornehmlich fest kochende Sorten verwendet.
Salzkartoffeln werden vor dem Kochen geschält und in Salzwasser ($^{1}/_{2}$ Teelöffel Salz auf 1 Liter Wasser) gegart.
Pellkartoffeln werden mit der Schale gekocht und behalten so all ihre Nährstoffe. Sie können bei neuen Kartoffeln mit dieser verzehrt oder bei Winterkartoffeln nach dem Kochen gepellt werden.
Ab Seite 99 finden Sie viele Rezepte für Saucen und Dips, die harmonische Begleiter sowohl zu Salz- als auch zu Pellkartoffeln bilden.

Petersilienkartoffeln

Die gekochten, abgedämpften Kartoffeln mit flüssiger Butter oder warmem Olivenöl beträufeln und mit viel gehackter Petersilie dick bestreuen.

☞ Statt Petersilie Basilikum, Dill, Rosmarin oder Minze verwenden.

Bouillonkartoffeln

Die einen sagen, ein Koch, der den Grafen Gottfried von Bouillon wegen seiner Verdienste während der Kreuzzüge verehrte, habe ihm dieses Rezept gewidmet, andere leiten den Namen vom französischen „bouillir" = sieden, kochen ab. Entscheiden Sie selbst!

750 g Kartoffeln (fest kochend), 1 Bund Suppengemüse,
1 l kräftige Brühe, viel Petersilie

Die Kartoffeln schälen und vierteln, das Suppengemüse putzen und in löffelgroße Stücke schneiden. Beides in der Brühe garen, herausnehmen und dick mit gehackter Petersilie bestreut servieren.

Béchamelkartoffeln

1 Kilogramm Kartoffeln mit der Schale kochen, pellen und noch heiß in Würfel schneiden. Eine Béchamelsauce herstellen (s. S. 102), die Kartoffelwürfel hineingeben und erhitzen, ohne zu kochen.

Pellkartoffeln

Kartoffeln bürsten und mit der Schale gar kochen. Mit Salz und Butter oder Kräuterquark (s. S. 100) servieren. Weitere Anregungen finden Sie im Kapitel Dips und Saucen (ab S. 99).

Kartoffeln in der Salzkruste, spanische Art

Auf den Kanarischen Inseln finden Sie nahezu in jedem Restaurant dieses Kartoffelgericht mit verschiedenen Saucen auf der Speisekarte.

1 kg kleine neue Kartoffeln (fest kochend), 6 TL Meersalz

Die Kartoffeln bürsten. Mit Meersalz und nur so viel Wasser aufsetzen, dass die Kartoffeln halb bedeckt sind. Im geschlossenen Topf 15 Minuten kochen, danach den Deckel abheben und weiter kochen lassen, bis alle Flüssigkeit verdampft ist. Die Kartoffeln sind mit einer Salzschicht überzogen und werden mit der Schale verzehrt. Dazu die Saucen Mojo rojo, Mojo picon oder Aioli (Rezepte s. S. 103) reichen.

Karamellkartoffeln

Diese Kartoffeln werden in Norddeutschland häufig zu Grünkohl, in Dänemark und Schweden zu Bratengerichten serviert.

750 g kleine Kartoffeln (fest kochend), Salz, 50 g Butter, 50 g Zucker

Die Kartoffeln mit der Schale in Salzwasser kochen, abschrecken und pellen. Inzwischen in einer Pfanne Butter und Zucker karamellisieren und die Kartoffeln darin schwenken, bis sie goldbraun sind.

Knoblauchkartoffeln in Sahnesauce

1 kg Kartoffeln (mehlig kochend), 4 Knoblauchzehen, 1 Bund Basilikum, Salz, 2 EL Butterschmalz, Pfeffer, Muskat, ½ l Sahne

Die Kartoffeln schälen und in dicke Scheiben schneiden. Die Knoblauchzehen abziehen und zerdrücken. Die Basilikumblätter von den Stängeln pflücken und in kleine Stücke zupfen.
Die Kartoffeln in Salzwasser halbgar kochen und abgießen. Butterschmalz in einem Topf zerlassen, die Knoblauchzehen und Kartoffeln darin schwenken. Mit Pfeffer und geriebener Muskatnuss nach Belieben würzen. Die Hälfte des Basilikums zufügen. Mit Sahne ablöschen und kochen, bis die Kartoffeln zerfallen. Mehrfach umrühren. Den Rest Basilikum obenauf streuen.

Rote-Bete-Kartoffeln

Die rot eingefärbten Kartoffeln sind nicht nur ein Blickfang, sie schmecken auch vorzüglich zu Wildgeflügel.

500 g Kartoffeln (fest kochend), 50 g frische Meerrettichwurzel, ½ l Rote-Bete-Saft, Salz, schwarzer Pfeffer, 1 Prise Kardamon, 1 Lorbeerblatt, 2 EL Öl

Die Kartoffeln schälen, den Meerrettich schälen und reiben. Die Kartoffeln im Rote-Bete-Saft mit den Gewürzen 10 Minuten garen. Den Meerrettich und das Öl zufügen und weitere 10 Minuten kochen.

☞ Rote-Bete-Saft gibt es in Reformhäusern und Apotheken. Sie können aber auch 3–4 Knollen schälen, in Salzwasser kochen und die Kartoffeln nachher in dem Rote-Bete-Kochwasser garen. Die Knollen anderweitig verwenden (z.B. süßsauer einlegen).

LOCKER-LEICHT: SCHNEE UND PÜREE

Kartoffeln – mit oder ohne Schale gegart – lassen sich als Stampfgerichte vielfach verfeinern und variieren. Für das Gelingen sind folgende Punkte zu beachten:

☞ Immer mehlig kochende Kartoffeln verwenden.

☞ Die Kartoffeln in Salzwasser garen. Danach abdampfen lassen und noch heiß durch die Presse drücken oder stampfen.

☞ Die Kartoffeln niemals im Mixer oder mit dem Pürierstab zerkleinern, sonst entsteht ein klebriger Brei.

☞ Weitere Zutaten mit dem Schneebesen einarbeiten.

Morgens rund,
mittags gestampft,
abends in Scheiben,
dabei soll's bleiben,
es ist gesund.

(Johann Wolfgang von Goethe)

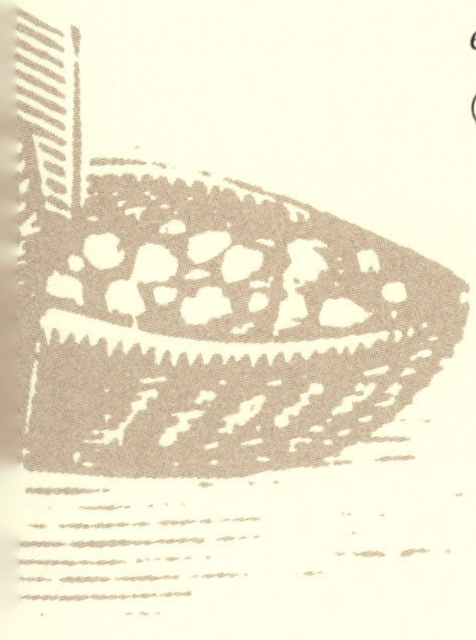

Kartoffelschnee

Dieses Rezept ist die schlichteste Form des Pürees und gleichzeitig Grundlage für viele andere Gerichte.

Mehlig kochende Kartoffeln in Salzwasser garen, pellen und noch heiß durch die Presse drücken. Wenn Sie den Schnee als Beilage verwenden wollen, können Sie ihn mit heißer Butter übergießen.

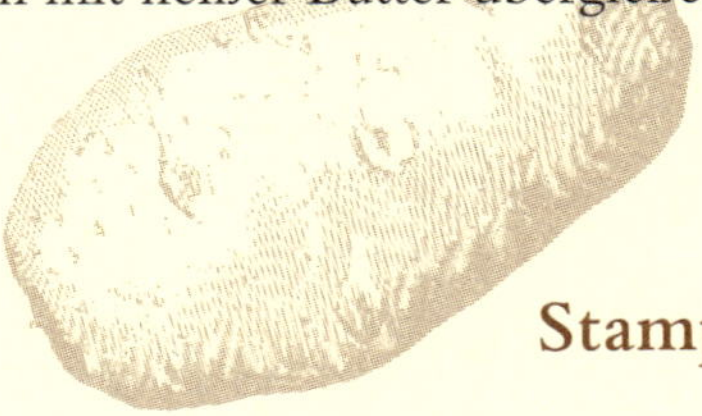

Stampfkartoffeln

Die geschälten und gegarten Kartoffeln noch heiß mit einer Gabel zerdrücken oder stampfen. Butterflöckchen unterarbeiten.

☞ In manchen Gegenden Deutschlands isst man Stampfkartoffeln auf Schwarzbrot, über das man noch Rübenkraut träufelt, oder man vermischt sie mit angemachtem Endivien-, Feld- oder Löwenzahnsalat. Für eine moderne und feinere Variante werden Trüffel- oder Orangenstückchen untergearbeitet oder es wird Kaviar dazu gereicht.

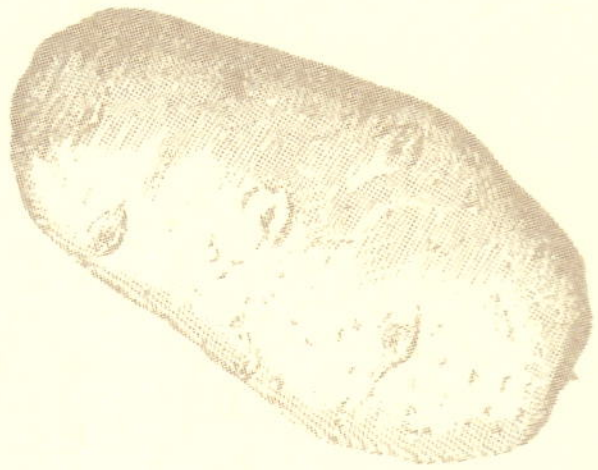

Püree
Grundrezept

1 kg Kartoffeln (mehlig kochend), Salz, Milch, 1–2 Eigelb,
40 g Butter, Muskatnuss

Die Kartoffeln schälen und in Salzwasser gar kochen. Die Milch erwärmen. Die abgedampften Kartoffeln durch eine Presse drücken und mit so viel Milch verrühren, dass ein glatter, nicht zu fester Brei entsteht. Eigelb und Butter untermengen und mit Salz und Muskatnuss abschmecken. Als Kartoffelmousse ist das Gericht bekannt, wenn man es noch kurz im Ofen überbräunt.

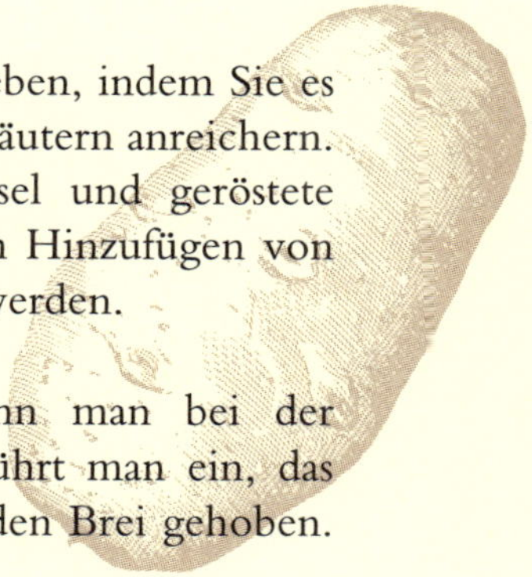

☞ Sie können dem Püree immer wieder eine neue Note geben, indem Sie es z.B. mit Paprikapulver überpudern oder mit frischen Gartenkräutern anreichern. Sehr beliebt ist die Art, in Butter gebratene Semmelbrösel und geröstete Zwiebelringe darüber zu geben. Der Geschmack kann durch Hinzufügen von Senf, Meerrettich oder Tomatenmark immer wieder variiert werden.

☞ Besonders luftig und zart schmeckt ein Püree, wenn man bei der Zubereitung ganze Eier (getrennt) verwendet; das Eigelb rührt man ein, das Eiweiß wird zu festem Schnee geschlagen und locker unter den Brei gehoben.

☞ Bleiben von dem Püree Reste übrig, so mengt man etwas Mehl mit hinein, formt handtellergroße Plätzchen daraus, wälzt diese in Paniermehl und brät sie in der Pfanne von beiden Seiten lichtbraun aus. Man kann in den Teig außerdem gebratene Speckwürfel oder Lauchringe einarbeiten.

Gewürztes Püree aus Peru

750 g Kartoffeln (mehlig kochend), Salz, 2 Zwiebeln,
2 kleine getrocknete Peperoni, Saft von 1 Zitrone, 4 EL Olivenöl,
schwarzer Pfeffer, Paprikapulver ungarisch scharf
Außerdem: 3 hart gekochte Eier, schwarze und grüne Oliven ohne Stein

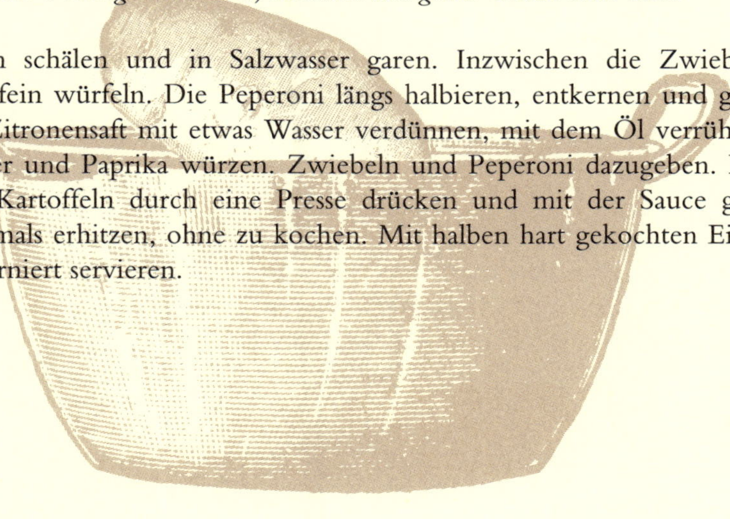

Die Kartoffeln schälen und in Salzwasser garen. Inzwischen die Zwiebeln abziehen und fein würfeln. Die Peperoni längs halbieren, entkernen und ganz fein hacken. Zitronensaft mit etwas Wasser verdünnen, mit dem Öl verrühren und mit Pfeffer und Paprika würzen. Zwiebeln und Peperoni dazugeben. Die noch heißen Kartoffeln durch eine Presse drücken und mit der Sauce glatt rühren. Nochmals erhitzen, ohne zu kochen. Mit halben hart gekochten Eiern und Oliven garniert servieren.

Italienische Käsemousse

1 Grundrezept Püree (s. S. 38), wobei die Hälfte der Milch durch Sahne ersetzt wird, einige EL geriebener Parmesan, fein gehacktes Basilikum

Das Püree zubereiten wie beschrieben. Sahne und Parmesan unterrühren. Fein gehacktes Basilikum gibt dem Gericht die besondere Note.

Bauernpüree

1 Grundrezept Püree (s. S. 38), 2 Zwiebeln, 1–2 Knoblauchzehen, 2 EL Öl, 100 g Schinkenspeck in Würfeln, 2 EL Petersilie

Das Püree wie beschrieben zubereiten. Zwiebeln und Knoblauch schälen und fein würfeln. Zusammen mit den Speckwürfeln in Öl kross anbraten und mit dem Brei vermischen. Mit gehackter Petersilie bestreut zu Tisch geben.

Püree Soubise

Charles de Rohan, Fürst von Soubise, ist bis heute bekannt als Liebhaber der Pompadour und der Dubarry und durch seine Vorliebe für Zwiebelgerichte aller Art.

500 g Kartoffeln (mehlig kochend), 500 g Zwiebeln, Salz, knapp 1/8 l Milch, 1/8 l Sahne, 2 Eigelb, 2 EL Butter, 1 Prise Muskat

Kartoffeln und Zwiebeln schälen und grob würfeln. In Salzwasser garen. Das Wasser abgießen. Beides durch eine Kartoffelpresse drücken und mit Milch, Sahne, Eigelben und Butter cremig rühren. Mit Muskat und evtl. Salz abschmecken. Dazu schmecken Braten jeder Art.

Mashed potatoes
Schottisches Püree

750 g Kartoffeln (mehlig kochend), Salz, 40 g Butter,
2 Eigelb, 5 EL geriebener Emmentaler

Die Kartoffeln schälen und in Salzwasser gar kochen. Abgießen, abdampfen und heiß durch die Presse drücken. Mit dem größten Teil der Butter, den Eigelben, 1 Prise Salz und 3 Esslöffeln geriebenem Käse locker schlagen. Mit einem Spritzbeutel kartoffelförmige Tupfer auf ein gefettetes Blech spritzen. Die restliche Butter schmelzen und die Püreehäufchen damit beträufeln. Den restlichen Käse darüber streuen. Im Ofen 10 Minuten überbacken.

Mandelkroketten

1 kg Kartoffeln (mehlig kochend), Salz, Muskat, 30 g Butter,
2 Eier, gehobelte Mandeln, Fett zum Ausbacken

Die Kartoffeln schälen und in Salzwasser garen. Abgießen, abdampfen und noch heiß durch eine Presse drücken. Mit Salz und Muskat abschmecken. Die Butter und 1 Ei einrühren. Aus dem Teig kleine Bällchen formen, durch das verschlagene zweite Ei ziehen und in Mandelblättchen wälzen. In heißem Fett schwimmend goldgelb backen.

☞ Mandelkroketten heißen Berny-Kartoffeln, wenn man in den Teig noch 50 Gramm gehackte Trüffeln mengt.

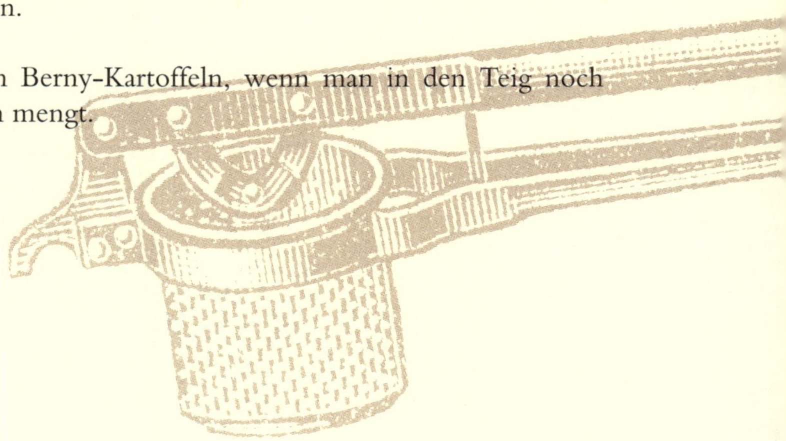

Pfälzer Schwalbennester

Dieser Auflauf lässt sich gut vorbereiten und macht außerdem aus einem Rest Kartoffelbrei ein vollständiges Gericht.

1 kg Kartoffeln (mehlig kochend), Salz, $^{1}/_{4}$–$^{1}/_{2}$ l Milch,
etwas Muskat, 1 Eigelb, 1 Stück Butter
Außerdem: pro Person 1 Ei, 150 g gekochter Schinken oder Lyoner

Die Kartoffeln schälen, würfelig schneiden und in Salzwasser garen. Die Milch erhitzen. Die heißen Kartoffeln durch eine Presse drücken oder stampfen, mit der Milch zu einem glatten Brei verrühren, mit Muskat würzen und mit dem Eigelb und der Butter verfeinern. Diesen Brei in eine mit Fett ausgestrichene feuerfeste Form füllen und so viele Vertiefungen in die Masse drücken, als man Eier verwenden will. Die Eier aufschlagen, in die Vertiefungen gleiten lassen und salzen. Den Schinken würfeln, darüber streuen und im Backofen 15–20 Minuten backen. Dazu Salat oder Spinat reichen.

Herzoginkartoffeln

1 Grundrezept Püree (s. S. 38), Fett für das Backblech,
1 Eigelb, etwas Parmesan

Das Püree nicht zu weich herstellen. In einen Spritzbeutel füllen und auf ein mit Fett bestrichenes Blech kleine Türmchen davon spritzen. Diese mit Eigelb bepinseln und mit Parmesan bestreuen. Im Ofen goldgelb überbacken.

☞ In eine große gebutterte Auflaufform am Rand dicht nebeneinander Türmchen spritzen und im Ofen überbacken. Vor dem Servieren den „Ring“ mit einem Ragout füllen.

Pommes Dauphines
Knusprige Kartoffelbällchen

1 kg Kartoffeln (mehlig kochend), Salz, 50 g Butter, 125 g Mehl, 4 Eier, Salz, Muskat, Fett zum Ausbacken

Die Kartoffeln schälen und in Salzwasser garen. Abgießen, abdampfen lassen und die Kartoffeln durch eine Presse drücken.
Inzwischen einen Brandteig herstellen: ¼ Liter Wasser und 50 Gramm Butter aufkochen und von der Herdplatte nehmen. Das Mehl einrühren und die Masse schlagen, bis keine Klümpchen mehr vorhanden sind. Den Topf wieder auf den Herd setzen und den Teig so lange rühren, bis sich am Topfboden eine weiße Schicht absetzt. Dann in eine Porzellanschüssel füllen, etwas auskühlen lassen und die 4 Eier einzeln einrühren. Danach gibt man den Kartoffelschnee sowie Salz und Muskat zu.
Das Ausbackfett erhitzen, von dem Teig kleine Bällchen abstechen und in dem heißen Fett schwimmend goldbraun ausbacken. Da sich diese Bällchen während des Garens aufblähen, darf man nicht zu viele davon gleichzeitig backen. Die fertigen Dauphinekartoffeln auf Küchenkrepp abtropfen lassen und warm halten, bis der Teig ganz verbraucht ist.

☞ Noch feiner schmecken die Bällchen, wenn Sie das Püree mit 50 Gramm Butter, 3 Eigelben und Muskat abschmecken.

☞ Salamiwürfel und 2–3 Esslöffel Pumpernickelbrösel einarbeiten. Plätzchen auf ein Blech spritzen und bei 200 °C goldgelb backen.

Schlesisches Kließlalied

Kließla, Kließla, Leibgerichte,
Kließla, meine liebste Kust!
Weeßne, Kließla, weiß und lichte,
war konnt noch woas Bessersch sust?
Jedes macht en langa Rüssel,
jeder Mensch eim Glicke schwimmt,
wenn die gruße Kließlaschüssel
uff a Tiesch geoatbert kimmt.

Fünfundzwanzig sein err drinne,
hurcht ock, wie die Kinder plärrn
Mutter, sein die Kließla hinne?
Wenn's ock fünfunddreißig wär'n.
fünfundvierzig wär'n om besta,
denn dar Hunger, dar ies gruß,
und bei sichta Kließlafesta,
doo ies reen derr Geier lus.

Sällt's amoll – man koan's nich wissa –
kenna Kließla nimme gahn,
o, doo wär iech uufgeschmissa,
üm mei Laba wärsch geschähn.
Nich derr Broata, nich die Suppa
hälfa mer aus menner Nut,
hätt's kee Kließla meh einm Tuppe,
wär iech ei vier Wucha tut!

(Ernst Schenke, Ausschnitt)

EINE RUNDE SACHE: KNÖDEL UND KLÖSSE

Ist es nicht interessant, dass man Klöße, mancherorts auch Knödel genannt, im Ausland kaum kennt? Auch in Deutschland treten sie nur regional begrenzt auf. Im Süden werden sie in vielfältiger Rezeptur geliebt, aber je weiter man nach Norden kommt, desto weniger Tradition haben diese Kartoffelgerichte. Man unterscheidet rohe Klöße (aus roh geriebenen Kartoffeln), Klöße halb und halb (sie bestehen zu gleichen Teilen aus roh geriebenen und gekochten, gepressten Kartoffeln) und gekochte Klöße (aus gegarten, gequetschten Kartoffeln).

Zum Gelingen bedarf es einiger wichtiger Regeln:

☞ Immer mehlig kochende Sorten verwenden. Ihr Stärkegehalt bindet die Teigmasse besser.

☞ Rohe Kartoffeln reibt man auf einer normalen Kartoffelreibe, gekochte Kartoffeln werden durch eine Presse gedrückt oder mit einem Stampfer zerquetscht.

☞ Aus dem Teig mit bemehlten Händen faustgroße Kugeln formen.

☞ Vor dem Einlegen der Klöße soll das Wasser kochen, die Klöße dürfen darin nur ziehen. Gar sind sie, wenn sie nach oben steigen und dort noch 3–4 Minuten garen. Damit Sie sicher sein können, dass die Klöße beim Garen nicht zerfallen, kochen Sie am besten einen Probekloß vorweg. Anschließend geben Sie evtl. mehr Mehl zum Teig.

☞ Die fertigen Klöße vor dem Servieren gut abtropfen – besser noch abdampfen – lassen. Nasse Klöße werden weich und klebrig. Wenn man eine Untertasse umgestülpt auf den Boden der Schüssel legt, kann sich das Wasser unten sammeln, ohne dass die Klöße darin liegen.

☞ Klöße brauchen viel Sauce. Berechnen Sie das Quantum also nicht zu knapp!

☞ Klöße mit süßer Füllung finden Sie unter Süßspeisen (ab S. 117). Sie werden zwar gelegentlich als Hauptgerichte serviert (so gut schmecken sie), dienen aber meistens als Nachtisch.

☞ Die Industrie bietet Klöße gefroren und auch als Pulver an, das man nur noch mit Wasser anzurühren braucht. Kloß- oder Püreepulver kann zum Binden von Suppen und Saucen verwendet werden.

Thüringer grüne Klöße

Sie werden auch Vogtländer oder polnische Klöße genannt. Ihre Zubereitung ist zeitraubend, aber sie gehören in Thüringen und Sachsen zu jedem Sonntags- oder Festessen. Die Bezeichnung „grün" bezieht sich wohl auf die roh geriebenen Kartoffeln, die in den Klößen verarbeitet werden und die sich beim Abkochen leicht grün färben. Eine alte Sage aus der Meininger Gegend erzählt, diese Klöße habe Frau Holle erfunden, um den Thüringern einen Ausgleich zum sauren Saalewein zu bescheren.

1,5 kg rohe Kartoffeln (mehlig kochend),
500 g gekochte Kartoffeln (mehlig kochend), Salz, $^1/_4$ l Wasser oder Milch,
50 g Weißbrotwürfel, 20 g Butter

Die rohen Kartoffeln schälen, reiben und im sauberen Tuch gut ausdrücken. In eine Schüssel geben, Salz zufügen und mit kochendem Wasser oder kochender Milch überbrühen. Die gekochten Kartoffeln reiben und zugeben. Alles gut vermengen. Weißbrotwürfel in der Butter braten. Den Teig mit nassen Händen zu 12 Klößen formen. Dabei jeweils 1 Brotwürfel in die Mitte geben. Etwa 15 Minuten in kochendes Salzwasser legen und kochen, danach 10 Minuten ziehen lassen.
Grüne Klöße reicht man sonntags zu Gulasch, Lendenbraten, Kalbsbraten oder Sauerbraten. Echte Thüringer essen dazu kein Gemüse, sondern lieber einen Kloß mehr, und den mit viel Sauce. Sollten trotzdem ein paar Klöße übrig bleiben, so schneidet man sie abends in Scheiben, brät sie und isst sie mit Spiegelei oder Salat. Im Erzgebirge bestreut man die Klöße noch mit in der Pfanne gerösteten Semmelbröseln.

Watteklöße

1 Rezept Thüringer grüner Klöße (s. S. 46), Mehl

Die Klöße nach Rezept zubereiten, aber nach dem Formen in Mehl wälzen. Dadurch sehen sie so schön weiß wie Wattebäuschchen aus.

☞ Manche Hausfrauen bereiten Watteklöße auch mit gekochten Kartoffeln zu. Das Mengenverhältnis ist dann statt 1,5 Kilo rohe/500 Gramm gekochte Kartoffeln: 800 Gramm gekochte Kartoffeln/100 Gramm Speisestärke.

Kartoffelklöße halb und halb

Diese Klöße sind ein Mittelding zwischen grünen und gekochten Klößen.

1 Rezept Gekochte Klöße (s. S. 48)

Die eine Hälfte der Kartoffeln wie im Rezept beschrieben kochen, die andere Hälfte roh reiben. Den Teig herstellen, mit bemehlten Händen Klöße formen und wie beschrieben garen.

☞ Lauchstreifen mit in den Teig mengen.

☞ In der Pfalz gibt man in die Mitte eines jeden Kloßes ein walnussgroßes Stück Pfälzer Leberwurst.

Gekochte Klöße
Grundrezept

1,5 kg Kartoffeln (mehlig kochend), 200–250 g Mehl,
2 Eier, Salz, Muskat

Die Kartoffeln am Vortag kochen und abpellen. Am anderen Tag durch die Presse drücken und mit den anderen Zutaten zu einem glatten Kloßteil verarbeiten. Gleichmäßige, mehr oder minder große Klöße aus dem Teig formen. Damit Sie sichergehen, dass der Teig auch fest genug ist, kochen Sie einen Probekloß vor. Dazu reichlich Salzwasser bis zum Siedepunkt bringen und den Kloß darin ziehen – nicht kochen – lassen. Zerfällt er, muss noch Mehl untergearbeitet werden. Die so vorbereiteten Klöße in das leicht siedende Wasser gleiten lassen. Wenn sie nach oben steigen und sich schwimmend drehen, sind sie gar und können herausgenommen werden.
Man reißt die Klöße mit Gabeln auf und gießt flüssige gebräunte Butter oder Bratensauce darüber. Gekochte Klöße stellen eine klassische Beilage zu Sauerbraten und geschmortem Rinderbraten dar.

☞ Bleiben Klöße übrig, so schneidet man sie erkaltet in Scheiben und brät sie zu einer weiteren Mahlzeit in der Pfanne auf. Dazu Fleischreste oder Spiegeleier und Salat oder gekochtes Dörrobst servieren.

Schlesische Klöße

Die Leidenschaft der Schlesier für ihre Klöße kennt keine Grenzen. Selbst Leute von Stand verlieren angesichts einer kloßgefüllten Schüssel alle Beherrschung und zeigen beim Verzehr dieser oftmals ungefügen Dinger ein Ungestüm, das den Landesfremden verwirrt. Kaum werden die Klöße aufgetragen, zückt ein jeder sein Messer und schlägt es in einen dieser nahrhaften Klumpen, wobei verwunderlich ist, dass die guten Leute einander nicht verletzen. Bei alledem kenne ich keine Volksgruppe, die ihre Nahrung so freudig verzehrt, dass selbst das Kauen und Schlucken zum Dankgebet an den göttlichen Geber dieser schlichten Herrlichkeiten wird.

1 Grundrezept Gekochte Klöße (s. S. 48), 3 Brötchen, Butter

Den Kloßteig nach Rezept herstellen. Die Brötchen würfeln und in Butter kross braten. Mit in die Kartoffelmasse arbeiten oder 2–3 Würfel in die Mitte des Kloßes drücken. Garen wie beschrieben. Sie schmecken gut zu Schweinebraten und Rotkohl.

Schwedische Klöße

1 Grundrezept Gekochte Klöße (s. S. 48),
1 Gläschen Kapern, weißer Pfeffer
Außerdem: 2 Zwiebeln, 150 g durchwachsener Speck, 1 EL Butter,
1 Messerspitze Piment

Den Grundteig nach Rezept herstellen, mit den abgetropften Kapern vermengen und mit Pfeffer abschmecken.
Für die Füllung die Zwiebeln häuten. Speck und Zwiebeln würfeln, in der Butter glasig braten und mit Piment würzen. In die Mitte eines jeden Kloßes etwas Füllung geben, die Klöße schließen und wie beschrieben garen. Dazu reicht man in Schweden Preiselbeerkompott.

Tiroler Klöße

1 Grundrezept Gekochte Klöße (s. S. 48),
100 g gewürfelter Tiroler Speck

Den Kloßteig nach Rezept herstellen. Den Speck in der Pfanne knusprig braten, das Fett ablaufen lassen und die Würfel in den Teig mengen. Klöße formen, in siedendes Wasser geben und wie beschrieben garen.

Baumwollene

1 kg Kartoffeln (mehlig kochend), 1 Zwiebel, 1 EL Butter, 2 EL Milch,
150 g Mehl, 1 Ei, Salz, 1/2 TL Majoran, 2 Brötchen, 20 g Butter

Die Kartoffeln am Vortag mit der Schale kochen und pellen. Am anderen Tag durch die Presse drücken. Die Zwiebel abziehen, fein hacken und in der Butter anbraten. Mit Kartoffeln, Milch, Mehl, Ei und Salz zu einem Kloßteil kneten. Ist der Teig zu weich und klebt noch, noch mehr Mehl einarbeiten. Die Brötchen würfeln und in der Butter braun braten. Klöße formen und jeweils in die Mitte einige Brötchenwürfel drücken. In siedendes Wasser legen und 10 Minuten gar ziehen lassen.

Halbseidene

1 kg Kartoffeln (mehlig kochend), 200 g Stärkemehl,
je 1 Prise Muskat und Salz, etwa 1/4 l Milch, 2 Brötchen, 20 g Butter

Die geschälten Kartoffeln kochen. Noch heiß durchpressen, etwas auskühlen lassen und mit Stärkemehl, Salz und Muskat verkneten. Die Milch erhitzen und schnell unterarbeiten. Die Brötchen in Würfel schneiden und in Butter rösten. Aus dem Teig mittelgroße Klöße formen, in jeden 2–3 Brotwürfel drücken. 20 Minuten in Salzwasser garen.

☞ Gehackte Petersilie mit einkneten.

English Potato-Dumplings
Englische Kartoffelklöße

1 kg Kartoffeln (mehlig kochend), Salz, 2 Eier, 125 g Mehl,
Pfeffer, Paniermehl, Butter

Die Kartoffeln in Salzwasser garen, schälen und auskühlen lassen, durch die Presse drücken. Eier und Mehl einarbeiten. Mit Salz und Pfeffer abschmecken. Kleine Knödel formen und in Salzwasser 10 Minuten garen. Herausnehmen und abtropfen lassen. Eine Auflaufform fetten. Die Knödel leicht durch Paniermehl drehen und nebeneinander in die Form setzen. Mit Butterflöckchen bestreuen und im Ofen bei 200 °C kurz überbräunen.

☞ Das Paniermehl mit geriebenem Käse vermischen.

Serviettenkloß

Der Serviettenkloß ist bei einem Fest- oder Hochzeitsessen früherer Zeit stets die traditionelle Beilage zum Sauerbraten gewesen. Jede Region hat ihr eigenes Rezept. Das folgende ist aus dem Hessischen.

*500 g Kartoffeln (mehlig kochend), 100 g Möhren, 100 g Sellerie,
1 Stange Lauch, 1 Bund Petersilie, 50 g Butter, 100 g Mehl,
1 Ei, 1 EL Salz, 1/2 TL Muskat*

Kartoffeln am Vortag mit der Schale kochen und pellen. Am anderen Tag Möhren und Sellerie schälen und ganz fein hacken. Den Lauch putzen und in dünne Ringe schneiden. Die Petersilie hacken. Die Butter erhitzen. Das vorbereitete Gemüse darin so lange braten, bis die Lauchringe glasig sind. Abkühlen lassen. Die Kartoffeln durch die Presse drücken. Mit Gemüse, Mehl, Ei, Salz und Muskat zu einem Teig verarbeiten. Einen Kloß formen und mittig auf eine große Serviette legen. Diese so zusammenknoten, dass ein Beutel entsteht. Reichlich Salzwasser in einem großen Topf aufkochen, den Serviettenkloß entweder in einen Siebeinsatz geben oder einen Holzkochlöffel durch die verknoteten Enden ziehen und den Löffel so über den Topfrand legen, dass der Kloß im Wasser hängt. Das Wasser darf nun nur noch leicht köcheln. Die Garzeit beträgt etwa 1 Stunde. Den Kloß gut abtropfen lassen und in Scheiben schneiden. Wer mag, kann braune Butter, gebratene Zwiebelringe oder Speckgrieben darüber geben.

☞ Sie können die Masse auch in eine gefettete Puddingform füllen und im Wasserbad garen.

Wickelklöße

750 g Kartoffeln (mehlig kochend), 150 g Mehl, Salz, Muskat, 1 Ei, 40 g Butter, 40 g Paniermehl, etwas Milch

Die Kartoffeln am Vortag schälen und kochen. Am nächsten Tag durch die Presse drücken, mit Mehl, Salz, Muskat, dem Ei und 20 Gramm Butter zu einem Nudelteig verarbeiten und ½ Zentimeter dick ausrollen. Die restliche Butter schmelzen und auf den Teig träufeln, mit Paniermehl bestreuen, die Ränder mit Milch bestreichen und den Teig zu einer Rolle aufwickeln. In 10 Zentimeter große Stücke schneiden, die Seiten zusammendrücken und die Klöße in kochendes Salzwasser legen, 15 Minuten ziehen lassen.
Zu Wickelklößen gab es früher an Sonn- und Feiertagen Kalbsbraten, werktags aber höchstens Sauerkraut und den Rest Sauce vom Sonntag.

☞ Statt Paniermehl kann man auch Speckwürfel einwickeln.

Gnocchi di Patate
Italienische Kartoffelnocken

Von den Alpenregionen bis hin zur Poebene kennt man Knödel besonderer Art: die Gnocchi. Sie werden nach dem Kochen mit Butter übergossen, mit Kräutern und geriebenem Käse serviert oder, wie in Ligurien, mit Pesto, also mit einer Sauce aus Olivenöl, Pecorino, Pinienkernen, Basilikum, Majoran und Knoblauch. Auch mit Tomatensauce sind diese Nocken beliebt.
In Verona werden Gnocchi traditionell am letzten Freitag der Faschingszeit gegessen. Da feiert man das so genannte „Bacanal del Gnoco“. Das ist ein Umzug in historischen Kostümen, den der „Papa del Gnoco“ zur Piazza del Duomo führt, wo dann Teller mit Gnocchi in pikanter Sauce serviert werden.

1 kg Kartoffeln (mehlig kochend), 250 g Mehl, 1 TL Salz,
eventuell etwas Milch oder 1 Eigelb

Die Kartoffeln mit der Schale garen. Heiß pellen und sofort durchpressen. Etwas auskühlen lassen. Mit Mehl und Salz verkneten. Der Teig muss sehr fest sein, darf aber nicht krümeln. Deshalb also evtl. 1 Eigelb oder etwas Milch zugeben. Fingerdicke Rollen formen, dicke Taler abschneiden und diese mit den Zinken einer Gabel flach drücken. Die Gnocchi auf bemehlter Unterlage 15 Minuten ruhen lassen. Danach in kochend heißem Wasser 5 Minuten ziehen lassen, bis sie hochsteigen. Mit einer Schaumkelle herausnehmen, mit Tomatensauce und geriebenem Käse servieren.

Überbackene Gnocchi

1 kg Kartoffeln (mehlig kochend), Salz, 200 g Mehl, 3 Eigelb, weißer Pfeffer, getrockneter, geriebener Majoran, Thymian oder Salbei, Butter für die Form, 1/8 l Sahne, 40 g geriebener Schweizer Käse, 40 g Butterflöckchen

Die Kartoffeln schälen, waschen und in Salzwasser garen. Heiß durch die Kartoffelpresse drücken und mit Mehl und Eigelben zu einem Teig verrühren. Mit Salz, Pfeffer und Majoran, Thymian oder Salbei abschmecken. Aus dem Teig walnussgroße Kugeln abstechen und in reichlich leicht siedendes Salzwasser legen. 10 Minuten darin ziehen, aber nicht kochen lassen. Danach mit einer Schaumkelle herausnehmen und in eine gefettete Auflaufform legen. Mit Sahne übergießen, mit Käse bestreuen und mit Butterflöckchen belegen. Im vorgeheizten Ofen bei 200 °C überbacken, bis der Käse zerläuft.

Pasteten hin, Pasteten her,
Was kümmern mich Pasteten?
Die Kumme hier ist auch nicht leer
Und schmeckt so gut als bonne chair
Von Fröschen und von Kröten.

Und viel Pastet und Leckerbrot
Verdirbt nur Blut und Magen.
Die Köche kochen lauter Not,
Sie kochen uns viel eher tot,
Ihr Herren laßt's euch sagen!

Schön rötlich die Kartoffeln sind
Und weiß wie Alabaster,
Sie däun sich lieblich und geschwind
Und sind für Mann und Frau und Kind
Ein rechtes Magenpflaster.

(Matthias Claudius)

HERRLICH DEFTIG: KARTOFFELN AUS DER PFANNE

Pfannengerichte mit Kartoffeln gibt es in Hülle und Fülle. Einer der Gründe, weshalb diese Zubereitungsart so beliebt ist, ist wohl der, dass die Kartoffeln so besonders knusprig und aromatisch schmecken. Zu beachten ist:

☞ Für Brat- und Scheibenkartoffeln nimmt man fest kochende Sorten, für geriebene und Schmorkartoffeln eignen sich mehlig kochende oder auch vorwiegend fest kochende Sorten.

☞ Kartoffeln, die vor dem Braten oder Schmoren gekocht werden müssen, sollten nie ganz gar sein, da sie sonst beim Braten leicht zerfallen. Möglichst am Vortag kochen, so erhält die Stärke in der Kartoffel ihre Klebefähigkeit. Erst dann schneiden.

☞ Das Bratfett sollte immer rauchheiß sein. Ausgekühlte Kartoffeln werden in sehr heißem Fett schneller braun. Sie saugen sich nicht so sehr mit Fett voll. Das macht sie krosser.

☞ Die Gerichte gelingen besonders gut in beschichteten oder gusseisernen Pfannen. Die Kartoffeln backen nicht so leicht an.

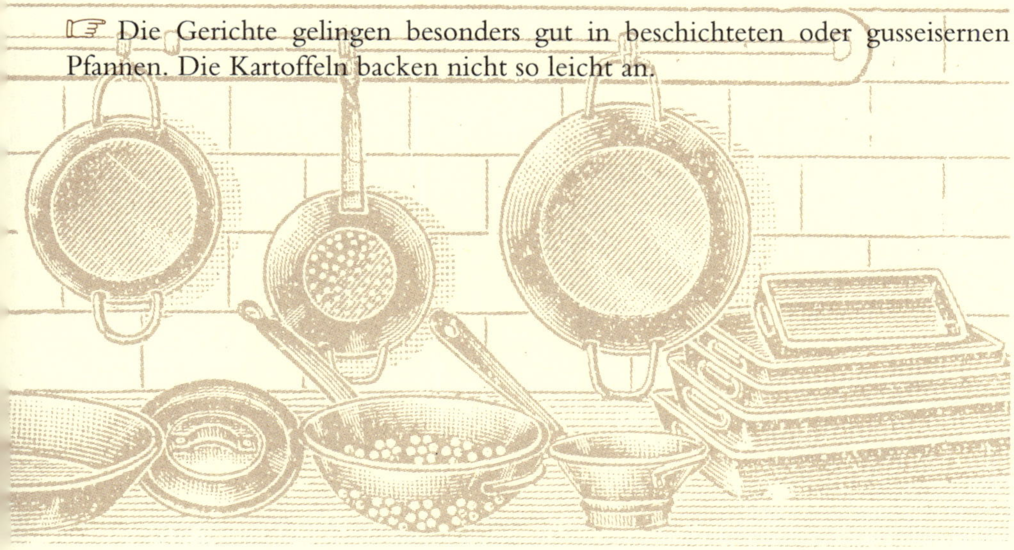

Bratkartoffeln

1 kg gekochte Kartoffeln vom Vortag (fest kochend), 1–2 Zwiebeln, 40 g Bratfett, 1 Prise Salz, 50 g Schinkenspeck

Die Kartoffeln und die abgezogenen Zwiebeln in Scheiben schneiden. Das Fett in der Pfanne erhitzen. Die Kartoffeln hell anbraten, erst dann salzen. Die Zwiebeln und den Speck zufügen. Alles unter Wenden schön kross braun braten.

☞ Sollten die Kartoffeln wider Erwarten kleben, streuen Sie ein wenig Mehl über die Zutaten und wenden Sie sie vorsichtig.

Scheibenkartoffeln

1 kg Kartoffeln (fest kochend), 2 Zwiebeln, 20 g Schmalz, 60 g Speckwürfel, Salz, Pfeffer, 1/8 l Brühe

Die Kartoffeln schälen, in Scheiben schneiden. Ebenso mit den Zwiebeln verfahren. In einer Pfanne das Schmalz erhitzen. Die abgetrockneten Kartoffelscheiben, den Speck und die Zwiebeln einfüllen. Kurz anbraten, wenden, mit Salz und Pfeffer würzen. Mit Brühe ablöschen, einen Deckel auflegen und 10 Minuten schmoren lassen. Danach den Deckel abheben und die Brühe verkochen lassen. Das Gericht erst danach wenden, da sonst die Kartoffelscheiben zerfallen. Dazu isst man Kurzgebratenes und Gewürzgürkchen oder eingelegte Rote Bete.

☞ Auf die gleiche Weise können Sie kleine Frühkartoffeln braten. Sie werden nicht geschält, da ihre Schale ganz dünn ist. Gründlich unter Wasser bürsten und zubereiten wie oben.

Pänneken Industrie

In Westfalen nennt man dieses Gericht Bauernomelett. Im Ruhrgebiet wurde es früher dem Bergmann nach seiner harten Arbeit serviert, weil es „in den Rippen“ stand, wie man so schön sagt.

1 kg gekochte Kartoffeln vom Vortag (fest kochend), 3 Zwiebeln,
100 g Schinkenwürfel, 2 Eier, etwas Milch, Salz, Pfeffer

Die Kartoffeln würfeln. Die Zwiebeln schälen und in Ringe schneiden. Beides in der Pfanne zusammen mit den Schinkenwürfeln braten. Eier mit etwas Milch verquirlen, salzen und pfeffern. Über die Kartoffeln gießen und stocken lassen. Nicht umrühren. Pänneken Industrie wird in der Pfanne serviert.

Nordische Kartoffelpfanne

1 kg Pellkartoffeln (fest kochend), 2 Zwiebeln,
100 g durchwachsener geräucherter Speck,
40 g Butter, 150 g Krabben, 4 Eier, 4 EL Milch,
Salz, Pfeffer, Schnittlauch, Dill oder Petersilie

Die Kartoffeln und die Zwiebeln schälen und in Scheiben schneiden. Den Speck würfeln. Alles in der Butter anbraten. Dann die Krabben zugeben und mit anbraten. Die Eier mit der Milch verquirlen, Salz und Pfeffer zugeben und über den Pfanneninhalt gießen. Den Deckel auflegen und die Masse stocken lassen. Mit gehackten frischen Kräutern bestreuen.

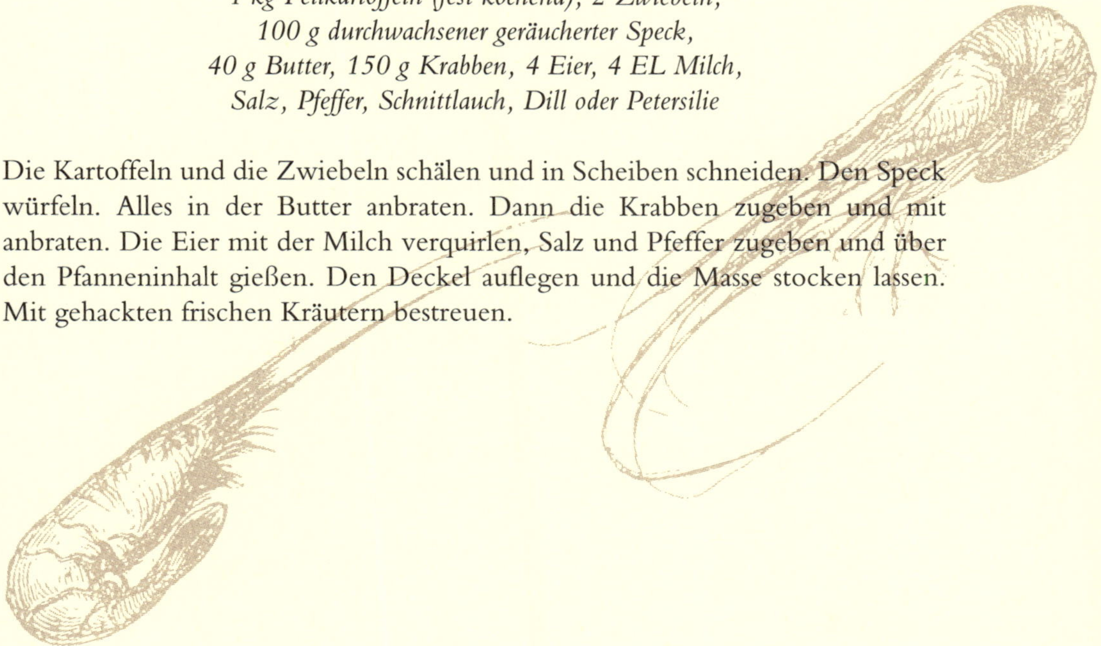

Lyoner Kartoffelpfanne

1 kg Kartoffeln (fest kochend), 2 Zwiebeln, 100 g durchwachsener Räucherspeck, 1 Ring Lyoner Wurst, 50 g Butter, Salz, Pfeffer, Petersilie

Die Kartoffeln schälen, waschen und in Salzwasser halbgar kochen. Abdampfen und in Scheiben schneiden. Die Zwiebeln und den Speck würfeln, die Wurst häuten, in große Würfel oder dicke Scheiben schneiden. Alles zusammen in der Pfanne in Butter knusprig braun braten. Würzen und mit gehackter Petersilie bestreut servieren.

☞ Bratkartoffeln bräunen schneller, wenn man vor dem Braten etwas Mehl darüber stäubt.

Minzekartoffeln

*1 kg kleine neue Kartoffeln (fest kochend),
2 Zweige frische Minze oder 2 EL getrocknete, Öl zum Braten,
50 g Butter, Salz, Pfeffer, 1 Prise Zucker*

Die Kartoffeln waschen und in Salzwasser, dem ein Zweig Minze zugefügt wird, garen. Abgießen, trockendämpfen und pellen. Am nächsten Tag oder nach dem völligen Auskühlen in Öl hell anbraten. Das Öl abgießen, die Butter zugeben. Die übrige Minze blanchieren, hacken und abgetropft zu den Kartoffeln geben. Mit Salz, Pfeffer und Zucker würzen und durchbraten. Schmeckt gut zu Lammbraten, Eierspeisen und gekochtem Rindfleisch.

Für die folgenden Varianten jeweils die gleiche Menge Kräuter verwenden wie oben angegeben:

☞ Salbeikartoffeln passen zu Kalbsbraten und Schweinefleisch.

☞ Estragonkartoffeln schmecken zu Geflügel und Fleisch.

☞ Dillkartoffeln begleiten Rinderbraten und Fischgerichte.

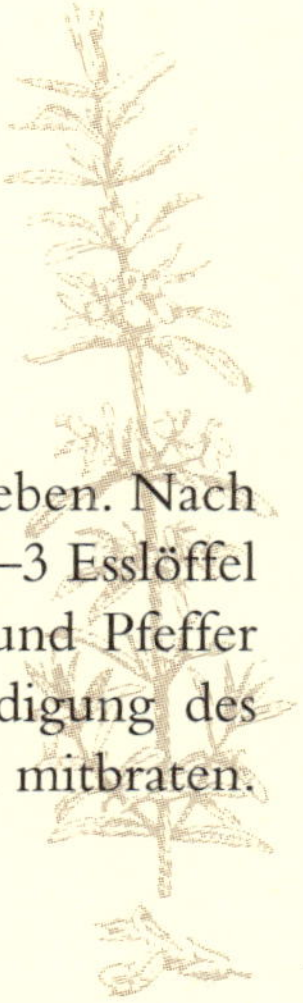

Rosmarinkartoffeln

1 kg Kartoffeln (fest kochend), einige Zweige Rosmarin,
2–3 EL Olivenöl, Salz, Pfeffer, 1 Knoblauchzehe

Die Kartoffeln in Salzwasser garen und dabei 2 Zweige Rosmarin zugeben. Nach dem Erkalten die Kartoffeln je nach Größe halbieren oder vierteln. 2–3 Esslöffel Rosmarinnadeln hacken. Die Kartoffeln in Öl anbraten, mit Salz und Pfeffer würzen. Die Knoblauchzehe sehr fein zerhacken. Kurz vor Beendigung des Bratens die Rosmarinnadeln und den Knoblauch untermischen und mitbraten.

Italienische Röstkartoffeln in Aceto balsamico

1 kg kleine neue Kartoffeln (fest kochend), 5 EL Aceto balsamico,
1 TL Akazienhonig, 2 Bund Basilikum, 4 EL Olivenöl, Salz

Die Kartoffeln gründlich bürsten und mit der Schale kochen. Auskühlen lassen. Essig und Honig in einem kleinen Topf aufkochen. Basilikumblätter klein zupfen. Das Öl in einer Pfanne erhitzen, die Kartoffeln darin rundum braun anbraten. Die Essig-Honig-Mischung darüber gießen und die Kartoffeln darin schwenken. Die Basilikumblätter untermischen. Heiß zu Lammbraten oder kurz gebratenem Fleisch servieren. Die Italiener lieben auch gebratenen Fisch dazu.

Spanische Kartoffelpfanne

1 kg kleine neue Kartoffeln (fest kochend), 2 Zwiebeln, Olivenöl,
1 Glas in Öl eingelegte getrocknete Tomaten, einige entsteinte schwarze Oliven,
Salz, scharfes Paprikapulver, 1 Zweig Rosmarin

Die Kartoffeln gründlich bürsten, kochen und auskühlen lassen. Die Zwiebeln schälen und vierteln. Olivenöl in einer Pfanne erhitzen. Die Kartoffeln, die abgetropften Tomaten, Zwiebeln und Oliven darin braten. Mit Salz und Paprika würzen. Zum Schluss gehackte Rosmarinnadeln mitbraten.

Arnheimer Pfanne

1 kg gekochte Kartoffeln (fest kochend), 125 g durchwachsener Speck, 50 g Butter, 150 g junger Gouda, geraspelt

Die Kartoffeln pellen und durch die Presse drücken. Den Speck in Streifen schneiden. In einer großen schweren Pfanne die Butter zerlassen, den Speck darin anbraten und die Kartoffeln darüber geben. Fest andrücken und braten. Wenn die untere Seite goldbraun ist, den Kuchen auf einen Pfannendeckel gleiten lassen und die Hälfte des Käses darauf geben. Wenden und zurück in die Pfanne gleiten lassen. Die obere Seite mit dem restlichen Käse bestreuen, den Deckel auflegen und braten, bis die untere Seite braun und auf der oberen Seite der Käse zerlaufen ist. Dazu grünen Salat und Kaffee oder Buttermilch servieren.

Kartoffelragout mit Pilzen

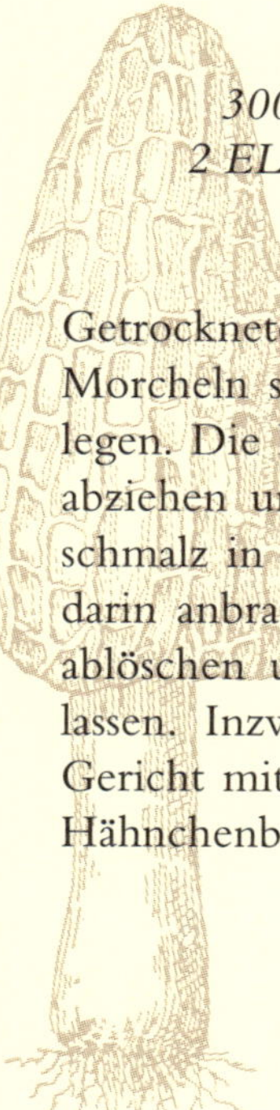

50 g getrocknete oder 200 g frische Morcheln, 300 g Kartoffeln (fest kochend), 100 g Schalotten, 1/2 Knoblauchzehe, 2 EL Butterschmalz, 1/4 l Hühnerbrühe, 1 TL Speisestärke, Salz, Pfeffer, 1 EL Sojasauce, 1 Bund glatte Petersilie, 1 Stängel Basilikum

Getrocknete Morcheln 1/2 Stunde in kaltem Wasser einweichen. Frische Morcheln sorgfältig waschen, putzen und zum Trocknen auf ein Küchentuch legen. Die Pilze halbieren. Die Kartoffeln schälen und würfeln. Die Schalotten abziehen und fein würfeln, den Knoblauch schälen und zerdrücken. Butterschmalz in einer Pfanne erhitzen. Kartoffeln, Schalotten, Knoblauch und Pilze darin anbraten. Die Brühe mit der Speisestärke verquirlen. Das Bratgut damit ablöschen und mit Salz, Pfeffer und Sojasauce würzen. 10 Minuten kochen lassen. Inzwischen die Petersilie hacken und zum Schluss unterrühren. Das Gericht mit Basilikum garniert servieren. Dazu schmecken Schweinelendchen, Hähnchenbrustfilet oder schlicht Brot.

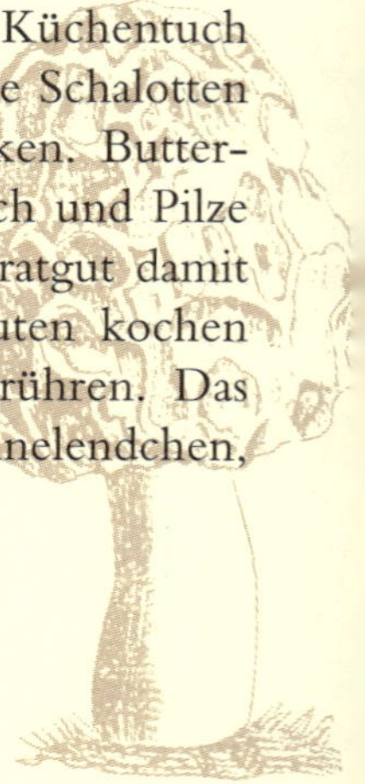

Bunte Kartoffelpfanne

*300 g Bratwurst, 6–7 EL Butterschmalz, 200 g Auberginen,
200 g Zucchini, Salz, 2 Knoblauchzehen, 300 g rote Paprikaschoten,
750 g kleine neue Kartoffeln (fest kochend), Pfeffer, 1 Bund Thymian,
200 g Gorgonzola, 2 Stängel Melisse*

Die Bratwurstmasse aus dem Darm drücken und zu kleinen Kugeln formen. In 1–2 Esslöffeln Butterschmalz braten. Aus der Pfanne nehmen und auf Küchenkrepp abtropfen lassen.
Auberginen und Zucchini waschen, in Scheiben schneiden und salzen. 10 Minuten ziehen lassen. Danach trockentupfen. Die Knoblauchzehen schälen und fein hacken. Die Paprikaschoten säubern, die weißen Innenwände und Kerne entfernen. Danach grob würfeln. Die Kartoffeln unter fließendem Wasser sauber bürsten.
Das restliche Fett in die Pfanne geben und erhitzen. Die abgetrockneten Kartoffeln unter häufigem Wenden 10 Minuten vorbraten. Mit Salz und Pfeffer würzen. Auberginen, Zucchini, Paprika und Knoblauch mit in die Pfanne geben. Gut durchschmoren. Den Thymian abrebeln. Die Fleischklößchen und den Thymian in die Pfanne geben. Den Käse entrinden und in Bröckchen über die Gemüsepfanne geben. Einen Deckel auflegen (oder die Pfanne kurz in den vorgeheizten Ofen schieben) und dünsten, bis der Käse zerläuft. Mit einigen Melisseblättern dekorieren und in der Pfanne servieren.

Ungarische Speckkartoffeln

*1 kg Kartoffeln (fest kochend), 250 g Zwiebeln,
je 1 grüne, rote und gelbe Paprikaschote, 100 g durchwachsener Speck oder Schinken, 1 TL Schmalz oder 1 EL Sonnenblumenöl, 1/8 l Brühe,
je 1 EL Paprikapulver edelsüß und scharf, 2 Knoblauchzehen*

Die Kartoffeln und Zwiebeln schälen und würfeln. Die Paprikaschoten putzen (d.h. weiße Innenhäute und Samenkerne entfernen) und würfeln. Den Speck ebenfalls würfeln. Fett in einer großen Pfanne erhitzen. Den Speck darin rösten, danach herausnehmen. Kartoffeln, Zwiebeln und Paprikaschoten in dem Fett anbraten, mit Brühe ablöschen und mit Paprikapulver würzen. Den Knoblauch abziehen, zerdrücken und unterrühren. 20 Minuten schmoren lassen. Vor dem Servieren abschmecken und mit den knusprigen Speckwürfeln bestreuen.

Kartoffeln Berryer Art

Das Kartoffelgericht aus dem französischen Berry ähnelt den ungarischen Speckkartoffeln (s. oben). Statt Paprikaschoten und Paprikapulver gart aber ein ganzes Bund gehackte Petersilie mit. Gewürzt wird mit schwarzem Pfeffer aus der Mühle.

Dibbelabbes

1 kg Kartoffeln (fest kochend), 2 Zwiebeln, Salz, Pfeffer, 1 Ei, 4 EL Öl

Die rohen Kartoffeln schälen, reiben und fest ausdrücken. Die Zwiebeln schälen, reiben und mit dem Salz, dem Pfeffer und dem Ei untermengen. Das Öl in einem Gussbräter erhitzen, die Kartoffelmasse einfüllen, ständig umwenden und zerpflücken, damit sich viele Krüstchen bilden können.

Schmorkartoffeln aus der Auvergne

1 kg Kartoffeln (fest kochend), 500 g Zwiebeln, 50 g Griebenschmalz, 250 g Schinkenspeckwürfel, Salz, Pfeffer, Knoblauchgewürz

Kartoffeln und Zwiebeln schälen und in dünne Scheiben schneiden. Eine dicht schließende Kasserolle (am besten gelingt das Gericht in einer gusseisernen Pfanne) mit dem Schmalz ausstreichen. Lagenweise Kartoffeln, Zwiebeln und Speck einschichten. Jede Lage würzen. Den Deckel fest schließen und den Topf bei ganz kleiner Hitze etwa 40 Minuten schmoren lassen. Dazu einen Salat oder kurz gebratenes Fleisch reichen.

Aufgeblasene Kartoffeln

1 kg Kartoffeln (mehlig kochend), Butterschmalz, Salz

Kartoffeln schälen und in Scheiben schneiden. In zwei tiefen Pfannen Butterschmalz erhitzen – die Kartoffeln schmecken so besser als in Frittierfett gebacken. In der ersten Pfanne muss das Fett zwar sehr heiß sein, in der zweiten aber soll es rauchend heiß sein.
Die Kartoffeln abtrocknen und in der ersten Pfanne vorgaren, bis sie goldgelb sind. Herausnehmen, abtropfen lassen und sofort in die zweite Pfanne gleiten lassen. Dabei blähen sich die Kartoffelscheiben auf. Salzen und noch heiß servieren. Die aufgeblasenen Kartoffeln werden zäh und weich, wenn sie zu lange stehen.

☞ Pommes frites und aufgeblasene Kartoffeln werden nach der gleichen Art zubereitet. Für erstere werden die Kartoffeln lediglich in Stifte statt in Scheiben geschnitten.

Bayerische Bauchstecherl

In anderen Landesteilen Deutschlands sind sie unter dem Namen Schupfnudeln oder Bubenspitzle bekannt.

500 g gekochte Kartoffeln (mehlig kochend), 80 g Mehl, 1 Ei, Salz, Butterschmalz zum Ausbacken

Die Kartoffeln durchpressen, mit Mehl, Ei und Salz verkneten und fingerlange Nudeln mit spitzen Enden daraus rollen. In der Pfanne in heißem Butterschmalz auf allen Seiten goldbraun backen. Bauchstecherl sind in München als Beilage zu Krautspeisen beliebt.

Schnippelskuchen

2–3 Eier, $^1/_2$ l Milch, 250 g Mehl, Salz, Pfeffer, 1 kg Kartoffeln (fest kochend), 1 Zwiebel, Schmalz

Die Eier verquirlen und mit Milch und Mehl zu einem Pfannkuchenteig verrühren. Mit Salz und Pfeffer würzen. Die Kartoffeln schälen und zunächst in dünne Scheiben, dann diese in streichholzdünne Stifte schneiden. Die Zwiebel schälen und reiben. Beides zum Teig geben. Etwas Schmalz in einer Pfanne erhitzen und 1 $^1/_2$ Suppenkellen Teig einlaufen lassen. Bei mittelstarker Hitze und geschlossenem Deckel langsam garen. Dann den Deckel abnehmen, den Kuchen wenden und von der anderen Seite bräunen.

☞ Statt des Fetts kann man auch Speckscheiben in der Pfanne anbraten. Man lässt den Teig darüber zerlaufen und anbacken. Beilagen: Rübenkraut oder Apfelmus, Schwarzbrot oder Salat.

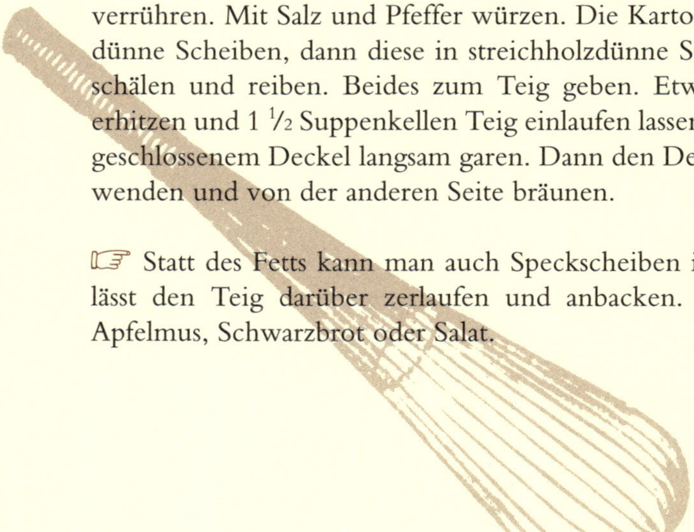

Tortilla
Spanisches Kartoffelomelett

1 kg Kartoffeln (fest kochend), 8 EL Olivenöl, Salz, Pfeffer,
6 Eier, 1 kleine Tasse Milch

Die Kartoffeln schälen und in dünne Scheiben schneiden. Das Olivenöl erhitzen und die Kartoffelscheiben bei milder Hitze darin garen (sie sollen hell bleiben). Mit Salz und Pfeffer würzen. Eier und Milch verquirlen. Über die Karoffeln gießen, den Deckel auf die Pfanne legen und 10 Minuten stocken lassen. Dazu Salat reichen.

Gefülltes Omelett

Füllung: 200 g Hähnchenbrustfilet, Salz, Pfeffer, Paprika, 1 Zwiebel,
1 EL Butterschmalz, 1 EL gestiftelte Mandeln, 200 g frische
Spargelabschnitte, Zucker, 1 ungespritzte Zitrone, 3 EL Crème fraîche
Omelett: 750 g gekochte Kartoffeln (fest kochend), 4 Eier,
Salz, Pfeffer, Sonnenblumenöl

Zunächst die Füllung vorbereiten und warm stellen. Dazu das Filet in fingerdicke Streifen schneiden und mit Salz, Pfeffer und Paprika würzen. Die Zwiebel schälen und in Scheiben schneiden. Das Butterschmalz erhitzen, das Fleisch darin rundum anbraten. Die Zwiebeln mit den Mandeln zufügen und mitbraten. Die Spargelabschnitte in wenig Wasser mit Salz und 1 Prise Zucker in 10 Minuten garen. Die Zitrone abreiben und den Saft auspressen. Etwas Spargelwasser mit Crème fraîche verrühren und mit Zitronenabrieb und -saft abschmecken. Mit dem Pfanneninhalt vermischen.
Für das Omelett die ausgekühlten Kartoffeln durch eine Presse drücken. Die Eier verquirlen, würzen und mit dem Kartoffelschnee verrühren. Aus dem Teig 4 Omeletts in heißem Öl ausbacken. Jedes Omelett mit $^1/_4$ Füllung belegen, zusammenklappen und mit Salat servieren.

Reibeplätzchen

In Russland Blinis, in Deutschland je nach Landstrich Reiberdatschi oder Kartoffelpuffer genannt, meinen sie doch alle die gleichen Kartoffelplätzchen. Verschieden sind die Beilagen. In Russland werden sie mit geschlagener Sahne und Kaviar obenauf gereicht, in Deutschland mit Apfelmus, Apfelkraut oder Zucker gegessen oder kalt auf Schwarzbrot gelegt, in den Niederlanden bestreut man sie mit geriebenem Käse oder rührt den Käse in den Teig. In manchen Gegenden drückt man während des Backens eine Zwiebelscheibe in das Plätzchen. Hier ist das rheinische Rezept:

1,5 kg Kartoffeln (mehlig kochend), 2 Eier, 1 große Zwiebel, Salz,
Mehl oder Haferflocken zum Andicken, Öl zum Ausbacken

Die Kartoffeln schälen, waschen und reiben. Die Reibe darf nicht zu fein sein. Das sich absetzende Wasser abschütten und der Reibemasse die Eier und die ganz fein geriebene Zwiebel hinzufügen, salzen. Bei wässrigen Kartoffeln kann man den Teig mit wenig Mehl binden. Haferflocken werden auch gerne verwendet, weil sie den Teig beim Braten knuspriger machen. Öl in der Pfanne erhitzen, den Kartoffelteig portionsweise hineingeben und von beiden Seiten braten.

☞ Wenn der Teig zu dünn ist, die sich absetzende Flüssigkeit abschöpfen. Bitte kein zusätzliches Mehl zufügen. Das macht die Puffer stumpf und zäh.

☞ Achten Sie darauf, dass das Bratfett rauchend heiß ist, sonst saugen sich die Plätzchen voll, bräunen schlecht und werden ölig.

☞ Die Schweden nennen die Plätzchen Raspelkuchen und rühren ein Bündchen Schnittlauch in Röllchen mit ein.

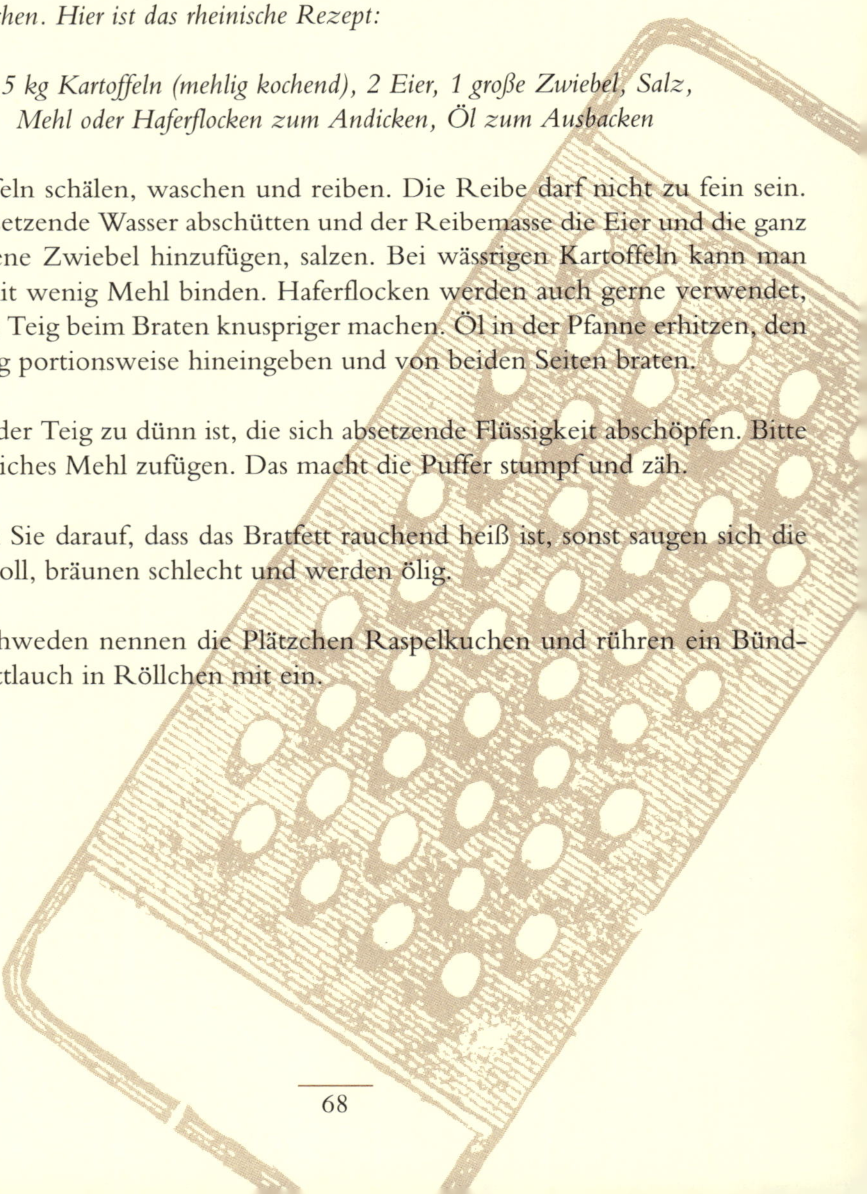

Rösti

Eine Schweizer Spezialität, die heute überall bekannt und beliebt ist. Man isst sie „solo“ mit Salat oder als elegante Kartoffelbeilage zu köstlich zubereitetem Fleisch.

1 kg Pellkartoffeln (mehlig kochend), Salz, 60 g Butter

Die Kartoffeln heiß pellen und auskühlen lassen. Am besten erst am nächsten Tag weiterverarbeiten. Dazu die Kartoffeln auf einer groben Raffel (in der Schweiz gibt es extra Rösti-Raffeln) in feine Stifte schaben, salzen. Die Hälfte der Butter in einer Pfanne erhitzen, die Kartoffelstreifen einfüllen, salzen. Die Rösti in ca. 20 Minuten von der einen Seite goldbraun braten. Auf den Pfannendeckel oder einen Teller gleiten lassen. Die restliche Butter erhitzen und die Rösti von der anderen Seite braten.

☞ Bauernrösti: Bevor Sie die Rösti ein zweites Mal in die Pfanne gleiten lassen, braten Sie Speck- und Zwiebelwürfel an, fügen ganz wenig Sahne zu und backen das Gericht dann fertig.

☞ Emmentaler Rösti: Nach dem Backen mit Emmentaler Käse belegen und im Ofen überbacken.

☞ Nach dem Backen der Rösti braten Sie Speckscheiben und Zwiebelringe kurz in der Pfanne an, belegen damit die Rösti und decken sie mit Emmentaler Käse ab. Im Ofen überbacken.

☞ Mit Matjes-Tatar, Scheiben von Räucherlachs oder Forellenfilets, Meerrettichsahne und Preiselbeeren sind Rösti eine hervorragende Vorspeise.

Gen Süden ziehn nun Storch und Star,
wir ziehen auch als Wanderschar
mit Hacke, Korb und Spaten.
Verschlossen liegen Hof und Haus,
heut graben wir Kartoffeln aus,
und die sind gut geraten.

Die Furchen lang mit hack und hack,
erst in den Korb, dann in den Sack,
das Schütteln nicht vergessen.
Das ganze Feld in einem Zug,
der Winter dauert lang genug,
dann haben wir zu essen.

Und mit dem dürren Kraute dann,
da zünden wir ein Feuer an,
Kartoffeln drin zu rösten.
Die Schale schwarz, das andre weiß,
Gleich aus der Asche glühendheiß,
so schmecken sie am besten.

(Adolf Holst)

HEISS AUF DEN TISCH: LECKERE OFENGERICHTE

Ofengerichte sind praktisch. Sie können gut vorbereitet werden und brauchen kaum Aufsicht. Zu beachten ist:

☞ Vorwiegend fest kochende oder mehlig kochende Kartoffeln verwenden.

☞ Kartoffeln garen im Ofen je nach Sorte und Größe unterschiedlich. Deshalb prüfen Sie sie nach der angegebenen Backzeit per Hölzchenprobe, ob sie schon weich sind.

☞ Der Backofen sollte immer vorgeheizt sein.

Neue Kartoffeln

Neue Kartoffeln (Frühkartoffeln) haben eine dünne Schale, die man mitessen kann.

1 kg kleine neue Kartoffeln (vorwiegend fest kochend), 2 Knoblauchzehen, Fett für die Form, 2 EL Olivenöl, Salz, 1 TL Kümmel

Die Kartoffeln unter fließendem Wasser bürsten (nicht schälen) und halbieren. Die Knobauchzehen abziehen und hacken. Eine Auflaufform fetten. Die Kartoffeln mit der Schnittseite nach oben hineingeben und mit Olivenöl bepinseln. Im vorgeheizten Ofen bei 200 °C 10 Minuten backen. Danach mit Salz, Kümmel und dem gehackten Knoblauch bestreuen. Die Form durchrütteln und nochmals 20 Minuten braten. Öfter rütteln. Dazu reicht man Tsatsiki.

☞ Sie können das Gericht auch auf dem Herd zubereiten.

Schwedische Fächerkartoffeln

Pro Person 2–3 Kartoffeln (fest kochend), Butter, Salz, etwas Sahne, geriebener Parmesan, evtl. Paniermehl

Die Kartoffeln schälen und im Abstand von ½ Zentimeter einige Male quer einschneiden, aber nicht durchschneiden. Das gelingt am besten, wenn Sie die Kartoffeln in einen Löffel legen. Eine Auflaufform mit Butter bestreichen, desgleichen die Kartoffeln, die dann mit Salz bestreut nebeneinander platziert werden. Etwas Sahne vom Rand her angießen. Das Gericht im auf 200 °C vorgeheizten Ofen 30 Minuten backen. Dabei öffnen sich die eingeschnittenen Kartoffeln fächerförmig. Danach nochmals mit flüssiger Butter beträufeln und mit Parmesankäse, eventuell auch etwas Paniermehl bestreuen.
Weitere 15–30 Minuten backen, bis die Kartoffeln gar und goldbraun aufgefächert sind. Sie bilden eine dekorative Beilage zu jedem Fleischgericht, das Sie ohne Sauce servieren.

Kartoffeln in der Salzkruste

2 Eiweiß, 500 g grobes Meersalz, 50 g Mehl,
abgeriebene Schale von 1/2 unbehandelten Zitrone, etwas weißer Pfeffer,
4 große oder 8 kleinere Kartoffeln (vorwiegend fest kochend)

Die Eiweiße mit etwas Salz nicht ganz steif schlagen. Das übrige Salz, Mehl, Zitronenabrieb und Pfeffer unterheben. Ein Backblech mit Backpapier auslegen. Die sauber gebürsteten Kartoffeln mit Salzmasse umhüllen und auf das Blech legen. Im Backofen bei 180 °C etwa 1 Stunde backen. Die Kartoffeln in der Salzkruste servieren, zum Verzehr die Kruste aufschlagen.
Die Kartoffeln schmecken sehr würzig und sind sowohl eine ausgefallene Beilage zu Braten oder Bratfisch als auch – mit verschiedenen Dips (Rezepte ab S. 99) – ein Partyknüller. Man löffelt sie wie Folienkartoffeln aus der Umhüllung.

Ofenkartoffeln, italienische Art

Im Mittelmeerraum und in Frankreich schätzt man die Kartoffel weniger als Beilage, sondern eher als köstliches Gemüse.

750 g neue Kartoffeln (vorwiegend fest kochend), 1 EL Olivenöl, Salz,
Pfeffer, 400 g Ziegen- oder Schafscamembert, Fett für die Form

Die Kartoffeln unter fließendem Wasser bürsten, mit der Schale garen, halbieren und mit dem Öl bestreichen. Salzen und pfeffern. Den Käse in dünne Scheiben schneiden und auf die Schnittflächen der Kartoffeln legen.
Eine Auflaufform fetten. Die Kartoffeln mit der Schnittfläche nach oben eng nebeneinander hineinlegen. Im vorgeheizten Ofen bei 250 °C 5–10 Minuten überbacken. Der Käse soll an den Rändern leicht schmelzen. Dazu eine Vinaigrette servieren (s. S. 102).

Blechkartoffeln

1,5 kg Kartoffeln (vorwiegend fest kochend), Öl,
250 g durchwachsener geräucherter Speck, Salz, Pfeffer,
evtl. etwas Kümmel, einige Butterflöckchen

Die Kartoffeln schälen und würfeln. Ein Backblech mit geölter Alufolie auslegen. Die Kartoffelwürfel darauf verteilen. Den Speck ebenfalls würfeln und über die Kartoffeln streuen. Salzen, pfeffern, eventuell ein paar Kümmelkörner zugeben, mit Butterflöckchen belegen und im vorgeheizten Ofen bei 225 °C ca. 30 Minuten backen.

☞ Sie können auch Zwiebelwürfel mit dem Speck zugeben.

Annakartoffeln

1 kg Kartoffeln (mehlig kochend), 125 g Butter, Salz, Pfeffer

Die Kartoffeln schälen und in Scheiben schneiden. Eine flache Auflaufform mit einem Teil der Butter dick ausstreichen. Die Kartoffeln hineinschichten, salzen und pfeffern und mit flüssiger Butter übergossen oder mit Butterflöckchen belegt im vorgeheizten Ofen bei 225 °C 45 Minuten backen. Das Gericht auf eine feuerfeste Platte stürzen und die Unterseite zuoberst nochmals bräunen.

Savoyer Kartoffeln

1 kg Kartoffeln (vorwiegend fest kochend), 3 Knoblauchzehen,
100 g Gruyère, 50 g Butter, Salz, Pfeffer, 1/4 l Sahne

Die Kartoffeln schälen und in Scheiben schneiden. Den Knoblauch abziehen und fein hacken. Den Käse grob reiben. Eine Auflaufform dick buttern. Lagenweise

Kartoffeln, Knoblauch und Käse einschichten. Jede Kartoffellage mit Salz und Pfeffer würzen. Die letzte Schicht sollte aus Kartoffeln bestehen. Die Sahne darüber träufeln. Butterflöckchen obenauf setzen. Im vorgeheizten Ofen bei 180 °C ca. 1 1/2 Stunden backen.

☞ Knoblauch durch 2 gewürfelte, geschmorte Gemüsezwiebeln ersetzen.

Gratin mit Ingwer und Honig

1 Stück frischer Ingwer (walnussgroß), 1/2 l Sahne, 3 EL flüssiger Honig, Salz, Pfeffer, 800 g Kartoffeln (vorwiegend fest kochend), 400 g Knollensellerie, Butter für die Form, Petersilie oder frischer Koriander

Den Ingwer schälen und in die Sahne reiben. Den Honig hineinträufeln. Pikant mit Salz und Pfeffer abschmecken. Die geschälten Kartoffeln sehr fein hobeln, ebenso den geschälten Sellerie. Eine Gratinform buttern. Abwechselnd schuppenförmig Kartoffeln und Sellerie einschichten. Mit der Ingwersahne übergießen. Im vorgeheizten Ofen bei 200 °C in etwa 1 Stunde goldbraun backen. Vor dem Servieren 10 Minuten ruhen lassen. Dann mit gehackter Petersilie oder mit Korianderblättchen bestreuen.
Ingwer-Gratin schmeckt gut zu gebratenem Hähnchenbrustfilet, Steak oder pochiertem Lachs.

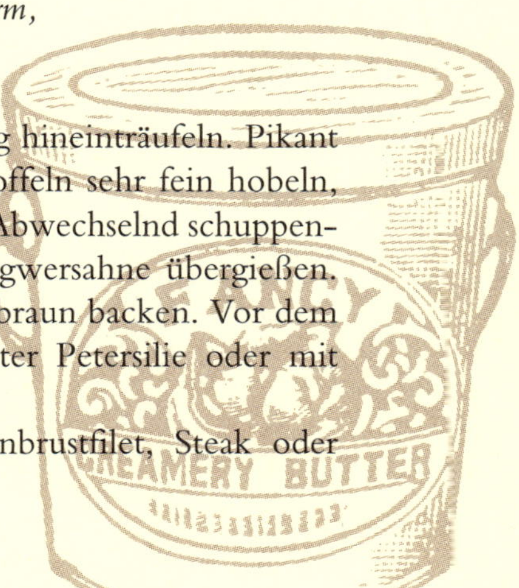

Folienkartoffeln mit Pfiff

Große fest kochende Kartoffeln unter kaltem Wasser sauber bürsten. Jede Kartoffel in Alufolie wickeln und ca. 1 Stunde im auf 200 °C vorgeheizten Backofen, auf dem Holzkohlengrill oder im Herbst auf dem Feld im Kartoffelfeuer garen. Die Kartoffel mit Folie kreuzweise aufschneiden, mit Kräuterbutter, saurer Sahne oder einem kräftigen Dip füllen und das Kartoffelfleisch direkt aus der Schale löffeln. Besonders lecker sind dazu Kräuterdip, Krabbendip und Zitronendip (Rezepte s. S. 104).

Gratin dauphinois

Dieses französische Bauerngericht wurde früher nur mit einem Salat gegessen. Heute ist es häufig elegante Beilage zu festlichen Menüs. Gerichte, die den Beinamen Savoyer Art oder „dauphinois" haben, stammen aus dem französischen Alpenraum. Hier werden die Speisen gern mit Sahne und Käse zubereitet.

1,5 kg Kartoffeln (vorwiegend fest kochend), Butter für die Form,
2 Becher Sahne, Salz, Pfeffer, geriebener Käse (z.B. Parmesan),
Paniermehl, Butterflöckchen

Die Kartoffeln schälen und in dünne Scheiben schneiden – am besten mit dem entsprechenden Aufsatz der Küchenmaschine. Eine mit Butter ausgestrichene Auflaufform schichtweise füllen. Jede Lage mit Sahne übergießen und würzen. Die letzte Kartoffelschicht jedoch nur salzen und pfeffern, mit geriebenem Käse und Paniermehl bestreuen sowie mit Butterflöckchen belegen. Im vorgeheizten Ofen bei 225 °C etwa 45 Minuten auf der mittleren Schiene backen. Das Gratin ist gar, wenn es eine schöne braune Kruste aufweist.

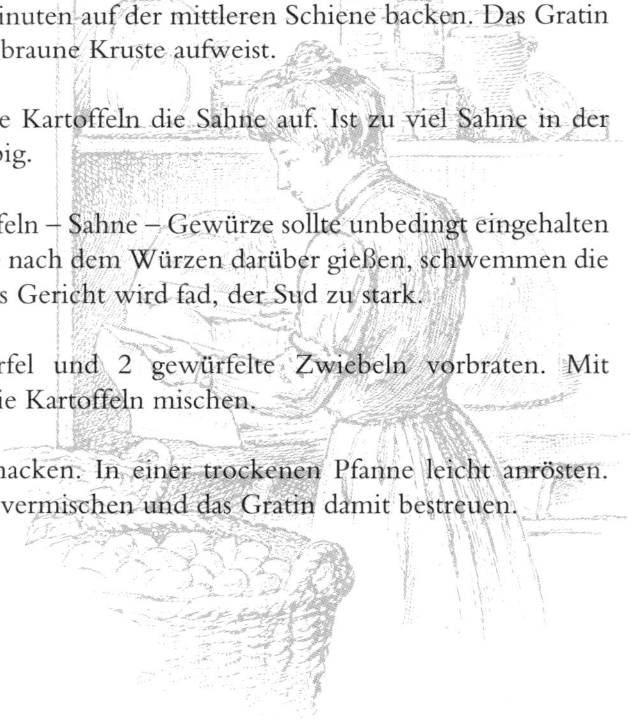

☞ Beim Backen saugen die Kartoffeln die Sahne auf. Ist zu viel Sahne in der Form, wird das Gericht suppig.

☞ Die Reihenfolge Kartoffeln – Sahne – Gewürze sollte unbedingt eingehalten werden. Wenn Sie die Sahne nach dem Würzen darüber gießen, schwemmen die Gewürze nach unten aus, das Gericht wird fad, der Sud zu stark.

☞ 100 Gramm Speckwürfel und 2 gewürfelte Zwiebeln vorbraten. Mit 1 Teelöffel Kümmel unter die Kartoffeln mischen.

☞ 100 Gramm Mandeln hacken. In einer trockenen Pfanne leicht anrösten. Mit 2 Esslöffeln Paniermehl vermischen und das Gratin damit bestreuen.

Käsekartoffeln

1 kg große Kartoffeln (mehlig kochend), Salz, 5–6 EL Olivenöl,
500 g Gouda oder Schweizer Käse (z.B. Raclette)

Die Kartoffeln unter fließendem Wasser bürsten, in Salzwasser halbgar kochen. Aus der breiten Seite oben einen Keil herausschneiden. Die Kartoffeln rundum mit Öl bepinseln. In die Kerbe einen Käsekeil drücken. Jede Kartoffel einzeln in Alufolie wickeln. Mit der Käseseite nach oben im auf 200 °C vorgeheizten Ofen 15–20 Minuten backen.

Gefüllte Kartoffeln

8 ebenmäßige Kartoffeln gleicher Größe (vorwiegend fest kochend) schälen, waschen und in Salzwasser ca. 10 Minuten vorkochen. Danach vorsichtig an der breiten Seite Deckel abschneiden und die Kartoffeln aushöhlen. Hackfleisch-, Krabben-, Käse- und Schinkenfüllung (s. S. 77/78) hineingeben und nach Rezept garen.

Hackfleischfüllung

250 g Gehacktes, 1 Ei, 1 gehackte Zwiebel, 1 EL Paniermehl,
Salz, Pfeffer, Butter, 1/4 l Sahne,
50 g geriebener Käse, z.B. Emmentaler oder Parmesan

Hackfleisch mit Ei, Zwiebel und Paniermehl verkneten und mit Salz und Pfeffer würzen. Mit etwas Butter in der Pfanne kurz krümelig braten. Dann die Kartoffeln damit füllen. Die Deckelchen wieder aufsetzen. Eine Auflaufform mit Butter ausstreichen und die Kartoffeln nebeneinander hineinsetzen. Die Sahne halbsteif schlagen und über die Kartoffeln gießen. Darüber den geriebenen Käse streuen. Im vorgeheizten Ofen bei 200 °C etwa 15–20 Minuten backen. Dazu reicht man knackige Salate und eventuell eine Tomaten- oder Käsesauce.

Krabbenfüllung

Das Innere der 8 ausgehöhlten Kartoffeln, 2 EL Krebsbutter,
je 1 Prise Salz und Pfeffer, 100 g Krabben, 2 EL Sahne,
etwas Butter, Dill oder Estragon nach Geschmack

Das Kartoffelinnere fein würfeln oder zerdrücken. Mit Krebsbutter, Salz und Pfeffer verkneten. Die Krabben fein hacken und mit der Sahne einarbeiten. Je Kartoffel 1–2 Krabben als Dekoration zurücklassen. Die Kartoffeln mit der Masse füllen, mit den Krabben garnieren, mit flüssiger Butter beträufeln und überbacken. Mit frischen gehackten Kräutern bestreuen und garnieren.

Käsefüllung

Schmelzkäse oder Roquefort in die Kartoffeln füllen. Eine Auflaufform sorgfältig buttern und die Kartoffeln hineinsetzen. Im auf 200 °C vorgeheizten Backofen 15–20 Minuten überbacken.

Schinkenfüllung

Das Innere der 8 ausgehöhlten Kartoffeln, 1 Bund Schnittlauch,
100 g gewürfelter gekochter Schinken, 30 g Butter, 4 EL Sahne,
Pfeffer, Muskat, 1 Eigelb, Fett für die Form

Das Kartoffelinnere zerstampfen. Den Schnittlauch in Röllchen schneiden. Aus Kartoffeln, Schnittlauch und Schinkenwürfeln mit Butter und Sahne einen Teig kneten. Mit Pfeffer und Muskatnuss würzen. Die Füllung hoch in die Kartoffeln häufen und mit Eigelb bestreichen. Eine Auflaufform einfetten und die Kartoffeln hineinsetzen. Bei 200 °C im vorgeheizten Ofen 15–20 Minuten überbacken.

Gefüllte Kartoffeln, amerikanische Art

Diese interessante Variante der Schinkenfüllung habe ich in Amerika kennen und schätzen gelernt.

4 große Kartoffeln (mehlig kochend), 4 Eier,
200 g gewürfelter gekochter Schinken, 3 EL gehackte Kräuter
(z.B. Schnittlauch, Dill, Petersilie), Salz, schwarzer Pfeffer, Muskat, Öl

Die Kartoffeln 10 Minuten in Salzwasser vorkochen. Danach so halbieren, dass sie breite Schnittflächen haben. Das Innere vorsichtig aushöhlen. Die Eier trennen. Schinken, gehackte Kräuter und Gewürze mit den Eigelben verrühren. Die Eiweiße zu steifem Schnee schlagen und unter die Schinkenmasse heben. Die Kartoffeln einölen. Danach üppig mit der Masse füllen, in eine gefettete Auflaufform setzen und im vorgeheizten Ofen bei 200 °C 15 Minuten backen.

☞ Das ausgehöhlte Kartoffelinnere fein würfeln und mit in die Füllung geben.

☞ Nach dem Füllen jede Kartoffel mit Schinkenspeck umwickeln.

☞ Die Kartoffeln schmecken noch intensiver, wenn sie nicht in Salzwasser, sondern in Folie gewickelt im Backofen bei 220 °C 1 Stunde vorgaren.

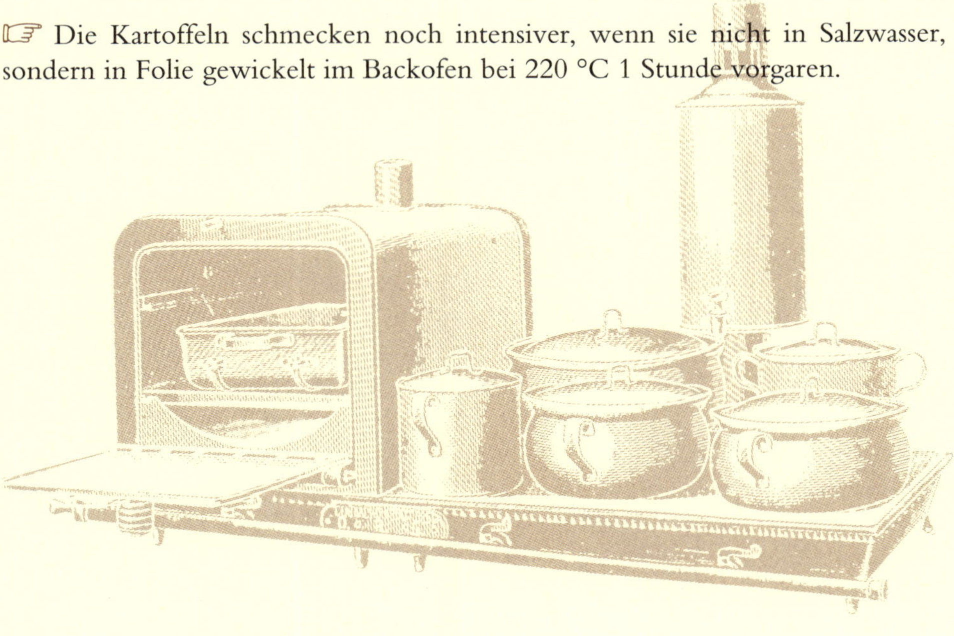

Pommersche Hefekartoffeln

Dieses Gericht war in Pommern und Mecklenburg als Abendessen beliebt. Es schmeckt herzhaft und ist, wie wir heute wissen, durch den Eiweiß- und Vitamin-B-Gehalt der Hefe besonders gesund und bekömmlich.
„Die pommersche Kartoffel übertrifft jede andere Kartoffel, wo sie auch immer angebaut wird. Sie ist von einer trockenen, herben Süße. Als Salzkartoffel hergestellt, kann sie einen Mann sein ganzes Leben lang ernähren, ohne daß dieser jemals die Lust auf sie oder den Geschmack an ihr verliert.“ H. W. Richter

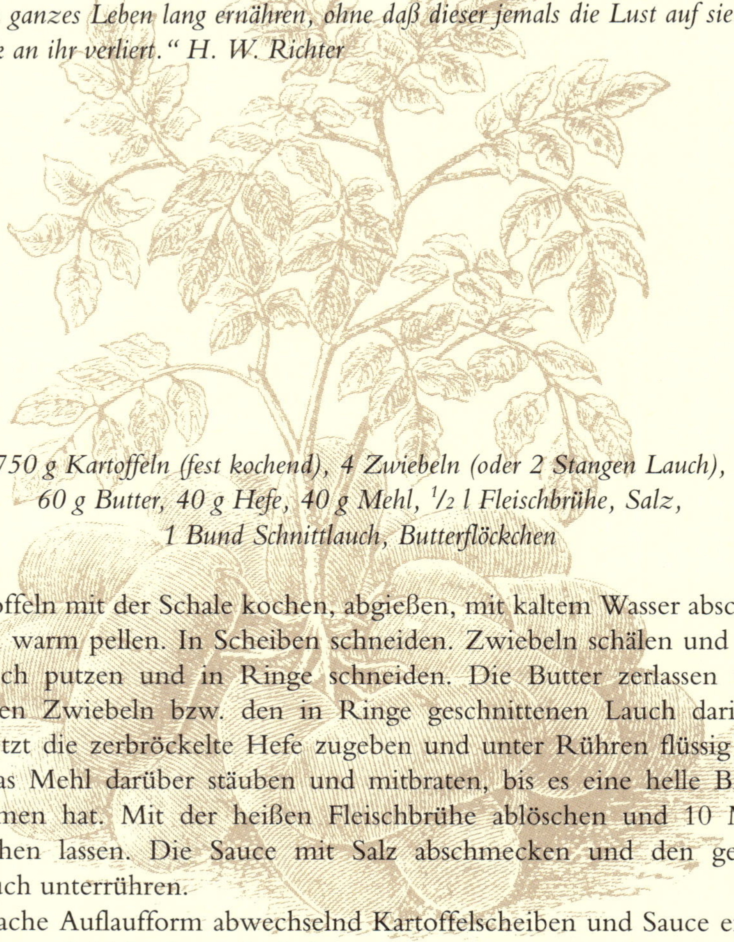

750 g Kartoffeln (fest kochend), 4 Zwiebeln (oder 2 Stangen Lauch),
60 g Butter, 40 g Hefe, 40 g Mehl, ½ l Fleischbrühe, Salz,
1 Bund Schnittlauch, Butterflöckchen

Die Kartoffeln mit der Schale kochen, abgießen, mit kaltem Wasser abschrecken und noch warm pellen. In Scheiben schneiden. Zwiebeln schälen und würfeln bzw. Lauch putzen und in Ringe schneiden. Die Butter zerlassen und die gewürfelten Zwiebeln bzw. den in Ringe geschnittenen Lauch darin glasig braten. Jetzt die zerbröckelte Hefe zugeben und unter Rühren flüssig werden lassen. Das Mehl darüber stäuben und mitbraten, bis es eine helle Bräunung angenommen hat. Mit der heißen Fleischbrühe ablöschen und 10 Minuten durchkochen lassen. Die Sauce mit Salz abschmecken und den gehackten Schnittlauch unterrühren.
In eine flache Auflaufform abwechselnd Kartoffelscheiben und Sauce einfüllen. Auf die letzte Schicht Butterflöckchen setzen. Die Form in den vorgeheizten Backofen schieben. Die Hefekartoffeln bei 220 °C etwa 45 Minuten backen. Dann in der Form servieren. Dazu grünen Salat oder Tomatensalat reichen.

Pikanter Kartoffelkuchen

1 Brötchen vom Vortag, 2 kg Kartoffeln (mehlig kochend), 2 Zwiebeln, 250 g luftgetrockneter Schinken in Würfeln, 2 Eier, etwas Salz und Pfeffer, 1 Prise Muskat, Fett für die Form

Das Brötchen in etwas warmem Wasser einweichen. Die Kartoffeln und Zwiebeln schälen und fein reiben. Mit dem ausgedrückten Brötchen und allen anderen Zutaten gut vermengen. Eine große feuerfeste Form fetten, den Teig einfüllen und im vorgeheizten Backofen bei 200 °C 1 Stunde garen. Dazu einen frischen Salat servieren.

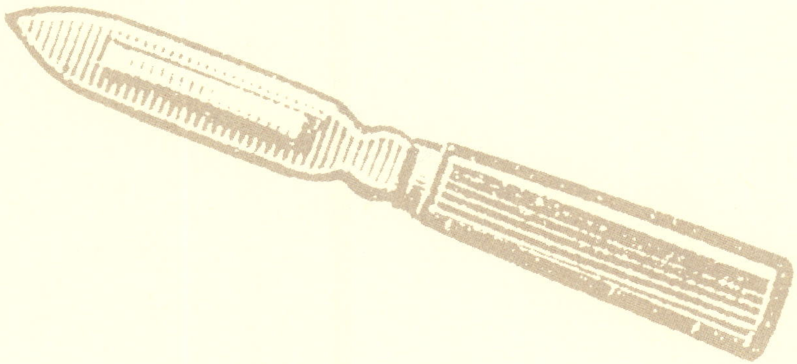

Englischer Kartoffel-Pie

3 Eier, 750 g Kartoffeln (mehlig kochend), 75 g Butter, etwas Milch, Pfeffer, Salz, Muskat, 200 g Schinkenwürfel, geraspelter Käse Außerdem: Butter für die Form

Die Eier trennen. Die Kartoffeln kochen, pellen und noch heiß durch die Presse drücken. Mit Butter, Eigelben und etwas Milch zu einem Brei vermengen. Mit Salz, Pfeffer und Muskatnuss würzen. Die Eiweiße zu steifem Schnee schlagen und mit den Schinkenwürfeln unter den Kartoffelbrei heben. Eine Aufflaufform buttern, die Masse hineingeben, mit Käse bestreuen und im vorgeheizten Ofen bei 200 °C goldbraun überbacken. Der Pie wird zu Wildgerichten, Lammfleisch oder nur zu Tomatensalat gereicht.

Rustikaler Kartoffel-Pie

Teig: 250 g Mehl, 125 g weiche Butter, 1 TL Salz, 1 Ei
Füllung: 600 g Kartoffeln (vorwiegend fest kochend), 1 Zwiebel, 1 Knoblauchzehe, 1 dicke Stange Lauch, 200 g gekochter Schinken, 150 g Ziegenkäse, 1 Ei, 1/8 l Sahne, 1 EL Butter, 4 EL Weißwein, 2 EL gehackter Majoran, Salz, Pfeffer, 1 EL gehackte Petersilie

Aus den Zutaten einen Teig kneten und diesen 1 1/2 Stunden im Kühlschrank ruhen lassen. Für die Füllung die Kartoffeln schälen und in dünne Scheiben schneiden. Zwiebel und Knoblauch abziehen und fein hacken. Den Lauch putzen und in Ringe schneiden. Schinken und Käse würfeln. Das Ei mit der Sahne verquirlen.
Kartoffeln, Zwiebeln, Lauch und Knoblauch in Butter dünsten und dabei öfter wenden. Weißwein angießen und die Hälfte des Majorans zugeben. Zugedeckt 15 Minuten garen.
Eine Springform von 24 Zentimetern Durchmesser mit Backpapier auslegen. Den Teig hineinkneten und dabei einen Rand hochziehen. Mehrmals mit einer Gabel einstechen. In dem auf 220 °C vorgeheizten Ofen 10 Minuten vorbacken. Die Füllung auf den Teig geben. Den Schinken darüber schichten. Die restlichen Kräuter mit dem Käse mischen und darüber verteilen. Mit der Eiersahne übergießen. 20–30 Minuten überbacken.

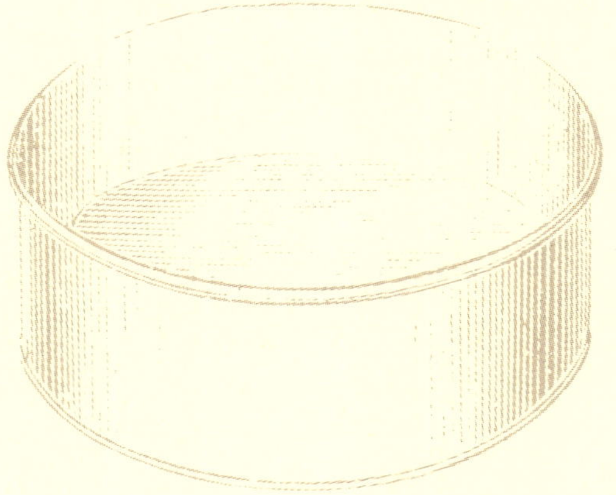

Kasslerauflauf

12 Scheiben Kassleraufschnitt, 12 Scheiben Gouda, Butter für die Form, 1 Rezept Bauernpüree (s. S. 40), 50 g geriebener Gouda oder Parmesan, Butterflöckchen

Jeweils eine Scheibe Kassler mit einer Scheibe Gouda belegen und aufrollen. Eine Auflaufform fetten, die Röllchen nebeneinander hineinlegen und mit dem Püree abdecken. Mit geriebenem Käse und Butterflöckchen überstreuen und im vorgeheizten Ofen bei 175–200 °C 20–30 Minuten backen.

☞ Dünne Ananasscheiben mit einrollen.

☞ Gekochte Spargelstangen mit einrollen.

☞ Die Röllchen mit Apfelspalten füllen.

Hackfleischauflauf

2 Zwiebeln, 500 g Gehacktes, Salz, Pfeffer, Sahne, Ketchup, 1 EL Kapern, 1 Rezept Püree (s. S. 38), Butter, Parmesan, Paniermehl

Die Zwiebeln abziehen und hacken. Das Gehackte mit Zwiebeln, Salz und Pfeffer in einer Pfanne anbraten. Wenn es schön braun ist, mit Sahne ablöschen, so dass ein geschmeidiger Brei entsteht. Ketchup und Kapern zugeben.
Die Hälfte des Pürees in eine mit Butter ausgestrichene Auflaufform geben, darüber die Hackfleischmasse und darauf den Rest des Pürees. Obenauf mit Butterflöckchen belegen, mit Paniermehl und Käse bestreuen und im vorgeheizten Backofen bei 200 °C goldbraun überbacken. Dazu schmecken knackige Salate gut.

Moussaka

2 große Auberginen, 5–6 große Kartoffeln (mehlig kochend), 4 EL Olivenöl, 300 g Hackfleisch vom Lamm, Salz, Pfeffer, Paprikapulver, 1 EL Mehl, 1/4 l Brühe, Fett für die Form, 2 Eier, 5 EL Sahne, 1 TL Oregano

Die Auberginen putzen und in Scheiben schneiden. Diese nebeneinander auf Küchenpapier legen und salzen. 10 Minuten ziehen lassen. Inzwischen die Kartoffeln schälen und in dünne Scheiben schneiden. In Öl kurz anbraten und herausnehmen. Danach die abgetrockneten Auberginenscheiben in dem Öl braten. Da sie viel Fett aufsaugen, muss möglicherweise noch Öl nachgegossen werden. Zum Abtropfen auf Küchenpapier legen. Das Hackfleisch mit Salz, Pfeffer und Paprika würzen, in der Pfanne anbraten und dabei mit Mehl bestäuben. Mit ganz wenig Brühe ablöschen.

Eine Auflaufform fetten. Lagenweise Kartoffeln, Auberginen und Hackfleisch einschichten. Letzte Lage: Kartoffelscheiben. Die restliche Brühe angießen. Eier, Sahne und Oregano verquirlen. Den Auflauf damit übergießen. Im vorgeheizten Backofen 30–40 Minuten bei 220 °C backen. Dazu trinkt man gut gekühlten Retsina (griechischen geharzten Weißwein).

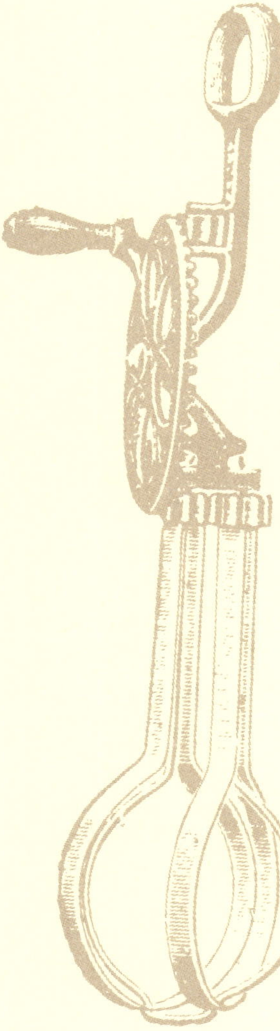

Kartoffel-Lasagne

6–8 große Wirsingblätter, Salz, Kümmel,
1 kg Kartoffeln (mehlig kochend), 300 g Pfifferlinge, 2 Zwiebeln,
60 g gewürfelter Bauchspeck, Fett zum Braten, 375 g Hackfleisch,
1 kleine Dose Tomaten, Pfeffer, 1/2 TL Oregano, 1 TL gekörnte Brühe,
1 EL Mehl, Butter für die Form,
200 g geriebener Emmentaler, 3/8 l Sahne

Die Wirsingblätter waschen, die dicken Rippen herausschneiden. In Salzwasser mit etwas Kümmel 3 Minuten blanchieren. Unter kaltem Wasser abschrecken und auf einem Küchentuch abtropfen lassen. Die Kartoffeln schälen und in Scheiben schneiden. Die Pilze säubern, große halbieren. Die Zwiebeln schälen und würfeln. Die Pilze und Zwiebeln mit dem Bauchspeck anbraten. Beiseite stellen. Das Hackfleisch anbraten, die Tomaten zerkleinern und mit dem Saft zum Hackfleisch geben. Mit Salz, Pfeffer, Oregano und Brühe kräftig abschmecken. Die Pilze dazugeben und unterrühren.
Mit Mehl bestäuben und gut durchkochen.
Eine große Auflaufform mit Butter ausstreichen. Mit Wirsing auslegen. Darauf Hackfleischmasse geben, darauf eine Lage Kartoffelscheiben. Mit Käse bestreuen. Mit den nächsten Lagen ebenso verfahren. Zum Schluss die Sahne angießen und den restlichen Käse darüber streuen. Im vorgeheizten Ofen bei 200 °C etwa 45 Minuten backen. Ein kühles Bier schmeckt herrlich dazu!

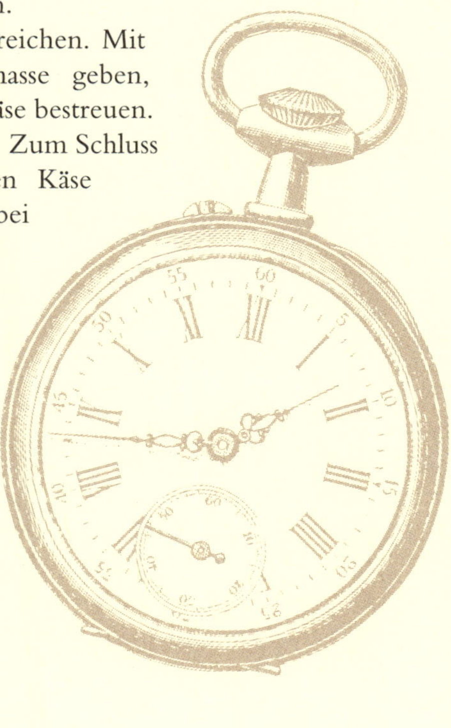

Sauerkrautauflauf

500 g Gulasch, 40 g Butter oder Margarine, 2 Zwiebeln, Salz, Pfeffer, 500 g Sauerkraut, Fett für die Form, 6 Wacholderbeeren, etwas Weißwein, 1 Rezept Püree (s. S. 38), 1/8 l Sahne, geriebener Käse, Paniermehl

Das Gulasch in dem Fett anbraten, die Zwiebeln schälen, in Scheiben schneiden und mitdünsten. Das Fleisch mit Salz und Pfeffer würzen und mit 1 Tasse Wasser ablöschen. Weitergaren, bis der Bratenfond eingekocht und das Fleisch fast weich ist. Das Sauerkraut ausdrücken, etwas kleiner schneiden. Eine feuerfeste Form einfetten, das Sauerkraut hineingeben, mit Salz, Pfeffer und zerstoßenen Wacholderbeeren bestreuen. Etwas Weißwein angießen. Das Gulasch obenauf geben. Die oberste Lage bildet der Kartoffelbrei. Mit einem Löffel kleine Mulden in das Püree drücken. Mit Sahne übergießen, mit Käse und Paniermehl bestreuen. Im Ofen bei 200 °C überbacken, bis das Gratin goldbraun ist.

☞ Dieser Auflauf wird in Bremen statt mit Gulasch mit Bücklingen zubereitet. Dazu werden 3–4 Bücklinge gesäubert und in nicht zu kleine Stücke zerteilt. Über die Bücklingsschicht legt man 2–3 in Scheiben geschnittene Äpfel.

Kartoffel-Apfel-Auflauf

750 g Kartoffeln (mehlig kochend), 2 Möhren, 3 säuerliche Äpfel (z.B. Boskop), 2 Schalotten, 2 Frühlingszwiebeln, 100 g würziger Käse, 50 g Schinkenspeckwürfel, Butter, Salz, Pfeffer, 200 g Sahne, 2 Eigelb

Die Kartoffeln schälen und in ganz dünne Scheiben schneiden; das geht am schnellsten mit der Küchenmaschine. Die Möhren putzen und ebenfalls dünn hobeln. Die Äpfel schälen, entkernen und in Scheiben schneiden. Schalotten abziehen und würfeln. Die Frühlingszwiebeln putzen und in Ringe schneiden. Die Hälfte des Käses hobeln, die andere Hälfte reiben. Möhren, Schalotten, Frühlingszwiebeln und Speckwürfel in Butter kurz anbraten.

Dann eine Auflaufform buttern und lagenweise Kartoffeln, Äpfel und das Möhren-Zwiebel-Gemisch einschichten. Jede Schicht salzen, pfeffern und mit dem gehobelten Käse belegen. Den Abschluss sollten Kartoffelscheiben bilden. Die Sahne mit den Eigelben verquirlen, über den Auflauf träufeln und diesen danach mit dem geriebenen Käse bestreuen. Im vorgeheizten Ofen bei 200 °C etwa 40 Minuten backen. In der Form servieren.

Ungarischer Auflauf

1 kg Kartoffeln (vorwiegend fest kochend), 250 g Tomaten, 3 rote Paprikaschoten, Butter, Salz, Pfeffer, 200 g geriebener alter Gouda, 1/4 l Sahne

Die Kartoffeln schälen und in Scheiben schneiden. Die Tomaten häuten und ebenfalls in Scheiben schneiden. Die Paprikaschoten entkernen und in Streifen schneiden. Eine Auflaufform buttern. Kartoffeln, Tomaten und Paprikastreifen einschichten. Jede Lage mit Salz und Pfeffer würzen. Auf jede Lage etwas Käse geben, dabei etwas zurückbehalten. Zum Schluss mit Sahne übergießen. Im vorgeheizten Ofen bei 200 °C 60–80 Minuten garen. Nach 40 Minuten Garzeit den restlichen Käse darüber streuen.

Der Jäger aus Kurpfalz

der stolper iwwer de Grumbeeresack
un brecht dabei de Hals.
Juja, juja,
der stolpert iwwer de Grumbeeresack
un brecht dabei de Hals!

(Gassenversion des Volksliedes)

PIKANT UND RAFFINIERT: SALATE

Kartoffeln eignen sich sowohl als Grundlage als auch als Zutat für Salate, weil sie mit allen anderen Zutaten harmonieren und die Gewürze besonders gut aufnehmen.

☞ Wählen Sie fest kochende Sorten, damit die Kartoffeln beim Durchmengen der Salate nicht zerfallen.

☞ Kochen Sie die Kartoffeln am Vortag, damit sie gut auskühlen können.

☞ Mengen Sie den Salat einige Stunden vor dem Servieren durch, damit sich Marinade und Zutaten gut verbinden. Danach nochmals abschmecken.

☞ Warme Salate halten Sie auf der Heizung oder im Backofen warm.

Westfälischer Kartoffelsalat

Dieser Kartoffelsalat mit einem heißen Würstchen oder mit hart gekochten Eiern war früher das obligatorische Sonntagsabendessen in Westfalen. Nachher – oder dazu – gab es vielleicht noch Schinkenbrote.

1 kg Kartoffeln (fest kochend), 1/2 Salatgurke,
2 hart gekochte Eier, 1 Zwiebel, Salz, Pfeffer
Dressing: 6 EL Joghurt oder saure Sahne, 4 EL Mayonnaise,
Dillspitzen, Salz, Pfeffer, Zitronensaft, Zucker, Petersilie

Die Kartoffeln mit der Schale garen. Heiß pellen und auskühlen lassen. Danach in Scheiben schneiden. Die Gurke schälen und in feine Scheiben schneiden. Die Eier pellen und in große Würfel schneiden. Die Zwiebel abziehen und fein würfeln.
Für die Sauce den Joghurt bzw. die saure Sahne mit der Mayonnaise verrühren und mit Dillspitzen, Salz, Pfeffer, Zitronensaft und Zucker pikant abschmecken. Die Kartoffelscheiben sowie die Eier- und Zwiebelwürfel vorsichtig unterheben. Der Salat muss gut durchziehen. Die Gurkenscheiben erst kurz vor dem Servieren unterheben, da sie die Sauce schnell verwässern. Gekühlt und mit gehackter Petersilie bestreut servieren.

☞ Statt der Salatgurke würfelt man 2–3 Äpfel und mengt sie in den Salat.

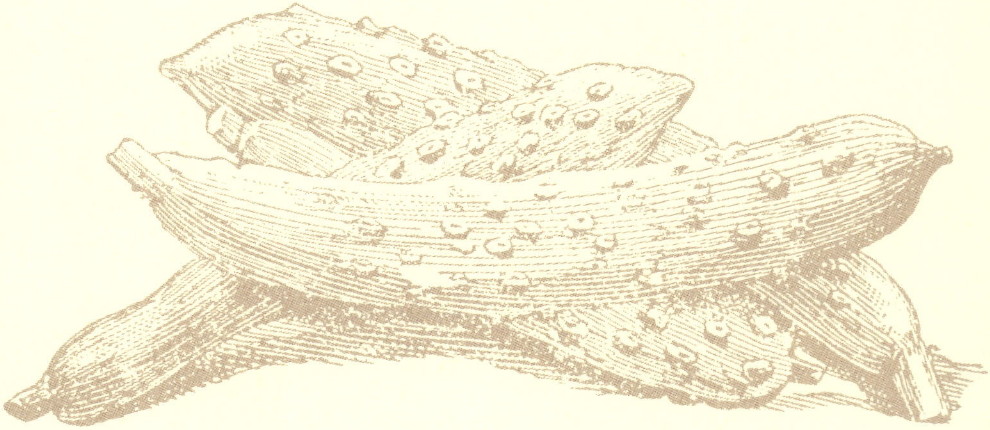

Warmer Kartoffelsalat

*1 kg Kartoffeln (fest kochend), 2 Zwiebeln,
100 g durchwachsener geräucherter Speck, etwas Öl, 5 EL Essig,
5 EL Brühe, Salz, Pfeffer, 1 Prise Zucker*

Die Kartoffeln mit der Schale garen. Heiß pellen und leicht abkühlen lassen. Dann in Scheiben oder Würfel schneiden. Die Zwiebeln schälen. Den Speck und die Zwiebeln würfeln und in etwas Öl hell ausbraten (nicht zu lange braten, da der Speck dann hart und die Zwiebeln dunkel werden). Mit Essig und Brühe ablöschen, aufkochen und heiß über die noch warmen Kartoffelwürfel gießen. Mit Salz, Pfeffer und etwas Zucker abschmecken. Warm halten. Dazu isst man gebackenen Fisch oder kurz gebratenes Fleisch.

☞ Vor dem Servieren klein gezupfte Minzeblättchen unterheben.

Bunter Kartoffelsalat

*Für 8–10 Personen: 2 kg Kartoffeln (fest kochend), 200 g Speck,
1 kg Lauch, 250 g gekochter Schinken, 250 g roher Schinken,
500 g Tomaten, 6 hart gekochte Eier, 2 Bund Schnittlauch in Röllchen
Dressing: $^1/_2$ l Tomatensaft, $^1/_8$ l Öl, $^1/_8$ l Kräuteressig,
Salz, Pfeffer, Zucker*

Die Kartoffeln kochen, pellen und noch warm in Scheiben schneiden. Währenddessen das Dressing aus allen angegebenen Zutaten rühren und abschmecken. Die lauwarmen Kartoffelscheiben darin gut durchziehen lassen. Den Speck in Streifchen schneiden, ausbraten und auf Küchenpapier abtropfen lassen. Den Lauch putzen, in Ringe schneiden, mit kochendem Wasser überbrühen und abtropfen lassen. Beiderlei Schinken in Streifen schneiden. Die Tomaten würfeln. Die Eier in Sechstel schneiden. Alle Zutaten miteinander vermengen. Zum Schluss den Schnittlauch unterheben. Gut durchziehen lassen, eventuell noch einmal mit Essig, Salz und Pfeffer nachwürzen.

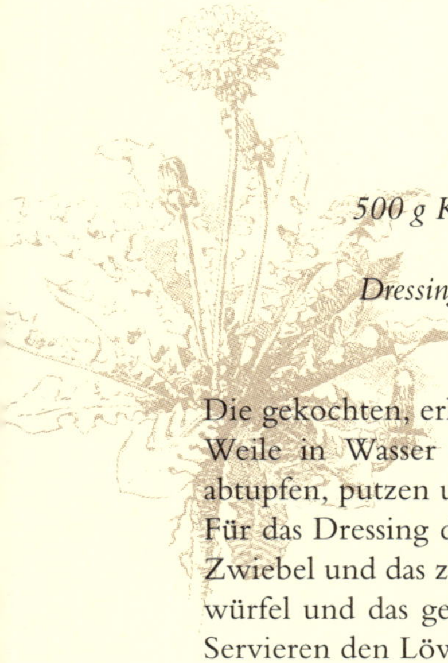

Kartoffel-Löwenzahn-Salat

500 g Kartoffeln (fest kochend), 250 g ganz junger Löwenzahn,
1 hart gekochtes Ei
Dressing: 1 Zwiebel, 1 EL Senf, Pfeffer, Salz, 1 Prise Zucker,
1 hart gekochtes Eigelb, 1/8 l Sahne

Die gekochten, erkalteten Kartoffeln in Würfel schneiden. Den Löwenzahn eine Weile in Wasser legen, dadurch werden ihm Bitterstoffe entzogen. Danach abtupfen, putzen und in mundgerechte Stücke zupfen. Das Ei hacken.
Für das Dressing die Zwiebel abziehen und hacken. Senf, Pfeffer, Salz, Zucker, Zwiebel und das zerdrückte Eigelb mit der Sahne verrühren. Über die Kartoffelwürfel und das gehackte Ei gießen und gut durchziehen lassen. Kurz vor dem Servieren den Löwenzahn unterheben.

Kartoffel-Kresse-Salat

Am besten schmeckt dieser Salat mit Brunnenkresse, die ist am vitaminreichsten und sehr würzig. Aber auch mit Gartenkresse zubereitet schmeckt der Salat gut; er ist dann allerdings etwas schärfer. Wenn beides nicht zur Verfügung steht, kann man auch Kapuzinerkresse verwenden.

1 kg Kartoffeln (fest kochend), Salz, 1/2 TL Kümmel, 2 Bund Kresse,
1 Zwiebel, 6 EL Sonnenblumenöl, 1/8 l Brühe, 1 Prise Pfeffer,
2 EL Weinessig, evtl. Kresseblüten

Die Kartoffeln in Salzwasser mit Kümmel garen. Heiß pellen. Die Kresse gut waschen, die dicken Stiele entfernen. Die Zwiebel abziehen und fein würfeln. In dem Öl goldgelb anbraten. Mit Brühe ablöschen. Pfeffer und Essig zugeben. Die Kartoffeln in Scheiben schneiden und in die Sauce geben. Durchziehen lassen. Dann nochmals abschmecken und die Kresse unterheben. Evtl. mit Kresseblüten verzieren.

☞ Der Salat schmeckt auch mit Feldsalat oder Frisée angemacht sehr lecker. Beide Arten harmonieren gut zu gebratenem Fisch.

Kartoffelsalat mit Steinpilzen

*750 g neue Kartoffeln (fest kochend), Salz, 2 Zwiebeln,
2 Knoblauchzehen, 1 EL Rosmarinnadeln, 7 EL Kürbiskernöl,
1 TL Fenchelsaat, 50 g Kürbiskerne, 250 g rote Bohnen aus der Dose,
250 g frische Steinpilze, 2 EL Weißweinessig, 2 EL Zitronensaft,
2 EL Brühe, Salz, Pfeffer, 1 Prise Zucker, 1 Bund Brunnenkresse*

Die Kartoffeln in Salzwasser garen, dann pellen. Inzwischen Zwiebeln und Knoblauchzehen abziehen, ebenso wie den Rosmarin fein hacken und in einer großen Pfanne mit 2 Esslöffeln Kürbiskernöl anbraten. Fenchelsamen und Kürbiskerne zugeben. Die Bohnen abtropfen lassen und mit den geputzten und klein geschnittenen Pilzen kurz mitbraten. Die Kartoffeln würfeln, untermengen. Essig, Zitronensaft, Brühe und restliches Öl zufügen. Mit Salz und Pfeffer abschmecken, für 1 Stunde kühl stellen. Den Salat nachwürzen, die Kresse unterheben und sofort servieren.

☞ In Streifen geschnittenes gekochtes Rindfleisch unterheben. Die Bohnen entfallen dann.

Mexikanischer Kartoffelsalat

*1 kg Kartoffeln (fest kochend), 2 Äpfel, 2 Orangen, 1 Babyananas,
1 Papaya, 1 kleines Glas Selleriewürfel
Dressing: 4 EL Öl, 2 EL Zitronensaft, 2 EL Wasser, 2 EL Ananassaft,
Salz, Pfeffer, Chilipulver, 1 Prise Ingwerpulver*

Die Kartoffeln mit der Schale kochen, pellen, auskühlen lassen und würfeln. Für das Dressing Öl, Zitronensaft, Wasser und Ananassaft verrühren und mit Salz, Pfeffer, Chili und Ingwer würzen. Die Kartoffelwürfel mit dem Dressing 1 Stunde durchziehen lassen. Äpfel, Orangen, Ananas und Papaya schälen, ggf. filetieren und würfeln. Mit dem Sellerie in den Salat mengen.

Salat Adlon

Dieser Salat fand sich früher auf der Speisekarte des berühmten Hotels Adlon in Berlin.

1 kg Kartoffeln (fest kochend), 1/2 kleine Sellerieknolle,
1 EL Zitronensaft, 1 säuerlicher Apfel (z.B. Boskop),
1 kleines Glas Rote-Bete-Kugeln, 50 g Feldsalat
Dressing: 1 Zwiebel, 4 EL Mayonnaise, 1 TL Senf,
je 2 EL Selleriekochwasser und Rote-Bete-Saft,
Salz, Pfeffer, 1 Prise Zucker

Kartoffeln und Sellerie schälen und getrennt garen. Dem Selleriekochwasser Zitronensaft zusetzen, damit sich die Knolle nicht verfärbt. Etwas von dem Kochwasser aufheben. Für das Dressing die Zwiebel abziehen und fein würfeln. Mit den restlichen Zutaten verrühren und abschmecken. Den Apfel schälen und entkernen. Ausgekühlte Kartoffeln, Sellerie, Rote Bete und Apfel in Streifen schneiden und in eine Schüssel füllen. Mit dem Dressing vermengen und gut durchziehen lassen. Den Feldsalat gründlich waschen und putzen. Eine große Platte damit auslegen, den Kartoffelsalat darauf anrichten.

Kartoffel-Thunfisch-Salat

1 kg Kartoffeln (fest kochend), 2 Zwiebeln, 2 Äpfel,
2 Dosen Thunfisch in eigenem Saft, 2 Tomaten, 2 hart gekochte Eier,
Schnittlauchröllchen oder gehackte Petersilie
Dressing: 3 EL Essig, 2 EL Öl, 2 EL Wasser, Salz, Pfeffer, Zucker

Die Kartoffeln kochen und noch heiß pellen. Auskühlen lassen und dann würfeln. Die Zwiebeln abziehen und würfeln. Die Äpfel schälen, entkernen und würfeln. Den Thunfisch abtropfen lassen und in große Stücke zerpflücken. Die Tomaten und Eier in große Würfel schneiden. Alles in eine Schüssel füllen. Für das Dressing Essig, Öl und Wasser verquirlen und mit Salz, Pfeffer und Zucker abschmecken. Zum Salat geben und einige Zeit durchziehen lassen.
Dieser Salat ist, auf Salatblättern angerichtet und mit Stangenweißbrot serviert, eine erfrischende Vorspeise.

Kartoffelsalat mit Meeresfrüchten

1 kg rote Salatkartoffeln (z.B. rote Hörnli), 1 Zwiebel,
2 hart gekochte Eier, 200 g vorgegarte Tintenfischringe,
1 Dose Hummerstücke, 100 g geräucherter Lachs,
200 g gekochte und gepulte Garnelen, 2 Bund Dill
Dressing: 2 EL Mayonnaise, 4 EL Sahne oder cremig gerührter Joghurt,
Salz, Cayennepfeffer, 1 TL mittelscharfer Senf, 1/2 TL Tomatenmark

Die Kartoffeln mit der Schale kochen, pellen und auskühlen lassen. Die Zwiebel schälen und fein würfeln. Die Eier hacken. Tintenfischringe und Hummer in Stücke schneiden. Den Lachs in Streifen schneiden. Die Kartoffeln würfeln oder in Scheiben schneiden. Alles zusammen mit den Garnelen in eine Schüssel füllen. Das Dressing aus den angegebenen Zutaten anrühren und kräftig abschmecken. Über den Salat geben und alles im Kühlschrank einige Stunden durchziehen lassen. Dann den Dill hacken. Die Hälfte in den Salat mischen und diesen nochmals abschmecken, evtl. nachwürzen. Den restlichen Dill obenauf streuen.

Kartoffel-Herings-Salat

500 g Kartoffeln (fest kochend), 1/4 Sellerieknolle, Salz,
1 EL Zitronensaft, 4 Matjes oder Salzheringe,
2 säuerliche Äpfel (z.B. Boskop), 1 Zwiebel, 1 Gewürzgurke,
4 hart gekochte Eier
Dressing: 2 EL Weißweinessig, 3 EL Wasser, 5 EL Öl,
1 TL Senf, Salz, Pfeffer

Die Kartoffeln und den Sellerie schälen und in Salzwasser getrennt gar kochen. Dem Kochwasser für den Sellerie etwas Zitronensaft zusetzen, damit er sich nicht verfärbt.
Matjes oder Salzheringe wässern. Bei Salzheringen das Wasser öfter erneuern. Die Äpfel schälen und entkernen, die Zwiebel abziehen. Alle Zutaten bis auf die Eier in feine Würfel schneiden und in eine Schüssel füllen.
Die Zutaten für das Dressing verrühren. Mit dem Salat vermischen, 2–3 Stunden durchziehen lassen. Hin und wieder umrühren. Mit Eihälften garnieren.

☞ Typisch deutsch wird der Salat, wenn er mit gewürfelter Rote Bete vermengt und mit einer Mayonnaise, die mit Rote-Bete-Saft abgeschmeckt wurde, angemacht wird. Der Salat wird zu oder auch auf Butterbroten gegessen.

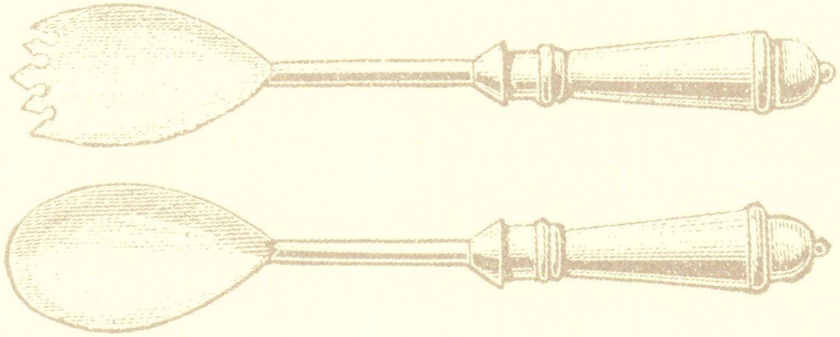

WÜRZIG UND FRISCH: SAUCEN UND DIPS

Saucen zu Kartoffeln

Kräuterquark

500 g Magerquark, Milch, 1 Zwiebel, 1 Knoblauchzehe, frische Kräuter (z.B. Schnittlauch, Petersilie, Dill, Zitronenmelisse), Salz, grüner Pfeffer

Den Magerquark mit Milch cremig rühren. Die Zwiebel und die Knoblauchzehe abziehen und hacken. Die Kräuter wiegen. Den Quark mit Zwiebel, Knoblauchzehe und den gehackten Gartenkräutern verrühren. Mit Salz und grünem Pfeffer würzen. Heiße Kartoffeln auf eine Gabel spießen und durch die Sauce ziehen.

Duckes oder Speckfett

1 Zwiebel, 100 g fetter Speck in Würfeln, Schmalz

Die Zwiebel schälen und würfeln. Den Speck ebenfalls in feine Würfel schneiden. Schmalz in einer Pfanne erhitzen und die Zwiebel mit Speckwürfeln darin braun ausbraten. Zu Salzkartoffeln reichen.

Saure Specksauce

1 Zwiebel, 100 g durchwachsener Speck in Würfeln, Fett zum Braten, 1 EL Mehl, 1/8 l Brühe, Essig, evtl. 1 Prise Zucker

Die Zwiebel schälen und würfeln. Zwiebel- und Speckwürfel in ein wenig Fett ausbraten. Danach mit Mehl überstäuben, durchrühren und mit Brühe ablöschen. Einmal aufkochen, mit Essig nach Geschmack säuern und eventuell 1 Prise Zucker zufügen. Schmeckt zu Salz- und Pellkartoffeln.

Mexikanische Käsesauce

4 Frühlingszwiebeln, 500 g Tomaten, 40 g Butter, 1/8 l Sahne, 1/4 TL Oregano, 1 Prise gemahlener Kreuzkümmel, 1/2 TL Salz, schwarzer Pfeffer, 200 g Frischkäse, 1 TL gehackte Petersilie, 50 g Hartkäse, fein gerieben

Die Zwiebeln putzen und mit viel Grün in 5 Zentimeter lange Stücke schneiden. Die Tomaten blanchieren, häuten, vierteln und entkernen. Die Butter in einem Topf zerlassen, Frühlingszwiebeln und Tomaten darin andünsten. Mit Sahne ablöschen, mit Oregano, Kreuzkümmel, Salz und Pfeffer scharf würzen und den Frischkäse in der Sauce auflösen. Die Petersilie einrühren. Die Sauce zusammen mit dem geriebenen Käse zu gekochten Kartoffeln reichen.

☞ Mögen Sie das Ganze noch schärfer? Etwas Chilisauce oder gehackte Piri-Piri einrühren.

Spinat-Schmand-Sauce

800 g frischer Spinat (oder 450 g tiefgefrorener Blattspinat), Salz, Pfeffer, 500 g Schmand, 1 EL Zitronensaft, 2 hart gekochte Eier, Kürbis- oder Pinienkerne nach Belieben

Den Spinat waschen und verlesen. Einige Blätter als Dekoration beiseite legen. Frischen Spinat mit kochendem Wasser überbrühen, tiefgefrorenen Spinat auftauen. Abgießen, das Wasser auffangen, das Blattgemüse grob hacken. Mit wenig Wasser (s. o.) dünsten, dabei mit Salz und Pfeffer würzen. Schmand und Zitronensaft unterrühren und mit erhitzen. Die Eier hacken und zufügen. Die Kerne trocken in einer Pfanne rösten. Sauce und Kerne zu gekochten Salz- oder Pellkartoffeln reichen.

Béchamelsauce

1 Zwiebel, 40 g Speckwürfel, 20 g Butter, 40 g Mehl, 1/4 l Fleischbrühe, 1/8 l Sahne, 1 Eigelb, Salz, gemahlener weißer Pfeffer und 1 Prise Muskat

Die Zwiebel abziehen, fein hacken und in einem Topf mit den Speckwürfeln in der heißen Butter anschwitzen. Das Mehl darüber stäuben, ebenfalls anschwitzen, dann mit der Brühe ablöschen und aufkochen. Die Sahne mit Eigelb verquirlen und in die heiße, nun aber nicht mehr kochende Sauce rühren. Mit Salz, Pfeffer und Muskatnuss abschmecken. Erhitzen, dabei darauf achten, dass das Gericht nicht zu kochen anfängt, da sich das Eigelb sonst von der Sauce absetzt. Die Sauce mit in Würfel geschnittenen Salzkartoffeln als Béchamelkartoffeln (s. S. 32) servieren. Dazu schmecken Salate, frittierte Champignons oder gefüllte Tomaten.

Vinaigrette

2 Knoblauchzehen, 300 g fleischige Tomaten, 5 schwarze Oliven ohne Stein, 1 EL Balsamico-Essig, 2 EL Olivenöl, 1 TL Senf, Salz, Pfeffer, 3 EL Basilikum

Die Knoblauchzehen schälen und mit den Tomaten und Oliven fein hacken. Mit Essig, Öl und Senf verrühren. Mit Salz und Pfeffer abschmecken. Zum Schluss das grob zerzupfte Basilikum untermengen. Die Vinaigrette zu den Ofenkartoffeln, italienische Art (s. S. 73) reichen.

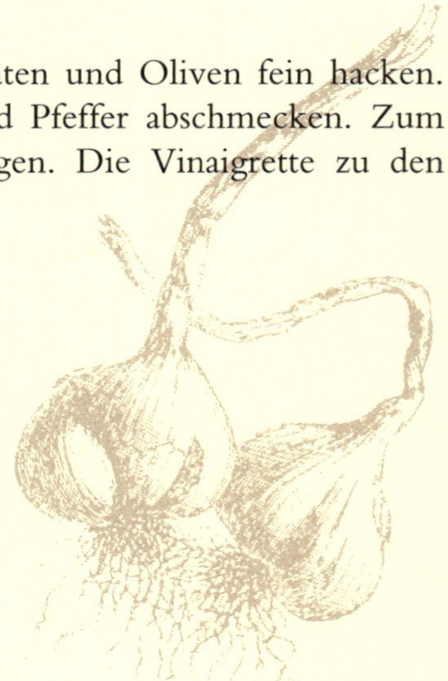

Mojo rojo

300 g Tomaten, 2 Knoblauchzehen, ½ Scheibe Vollkornbrot vom Vortag, 2 EL Olivenöl, 1 TL Essig, ½ TL gemahlener Kreuzkümmel, ½ TL Paprika, ½ TL Oregano, Salz, Pfeffer

Die Tomaten und Knoblauchzehen häuten und mit allen anderen Zutaten im Mixer pürieren. Sollte die Sauce zu dick werden, verdünnen Sie sie mit abgekochtem Wasser. Diese Sauce ist, gut verschlossen, im Kühlschrank lange haltbar. Zu Kartoffeln in der Salzkruste, spanische Art (s. S. 33) reichen.

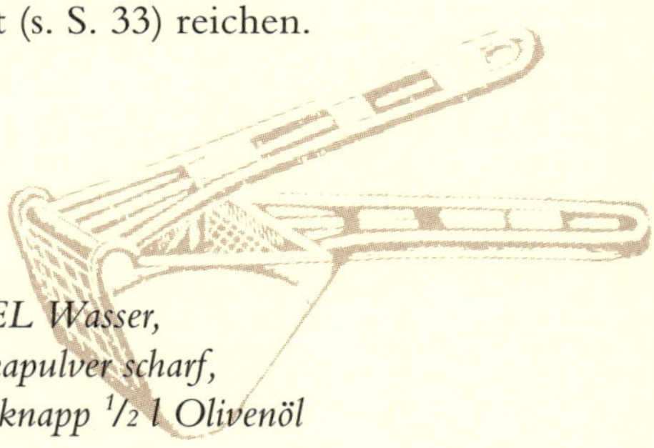

Mojo picon

4–6 Knoblauchzehen, 2 EL Essig, 1 EL Wasser, 4 EL Paprikapulver edelsüß, ½ TL Paprikapulver scharf, ½ TL gemahlener Kreuzkümmel, 1 Prise Salz, knapp ½ l Olivenöl

Die Knoblauchzehen schälen. Alle Zutaten bis auf das Öl in einen Mixer geben. Unter Schlagen das Öl langsam einfließen lassen. Die Sauce sollte mindestens 12 Stunden im Kühlschrank durchziehen, hält sich dort dann bis zu einem Jahr. Zu Kartoffeln in der Salzkruste, spanische Art (s. S. 33) reichen.

Aioli

4 Knoblauchzehen, 1 Eigelb, ca. 200 ml Olivenöl, ½ TL Salz, Pfeffer, etwas Wasser

Die Knoblauchzehen abziehen und durch die Presse drücken. In eine kleine Schüssel geben und mit dem zimmerwarmen Eigelb vermischen. Nach und nach das Olivenöl zugeben und dabei kräftig rühren, so dass eine homogene, dickflüssige Masse entsteht. Salzen und pfeffern. Evtl. mit etwas Wasser verrühren, falls die Aioli zu fest geworden ist. Zu Kartoffeln in der Salzkruste, spanische Art (s. S. 33) reichen.

Kräuterdip

1 Becher Crème fraîche, etwas Milch, gehackte Kräuter (z.B. Kresse, Kerbel, Salbei, Thymian, Zitronenmelisse, Schnittlauch, Dill, Petersilie, Liebstöckel, Estragon usw.), Salz, Pfeffer, Zucker, Saft von 1/2–1 Zitrone

Crème fraîche mit Milch glatt rühren, reichlich gehackte Kräuter nach Geschmack untermischen und mit Salz, Pfeffer und Zitronensaft würzen. Schmeckt gut zu Folienkartoffeln (s. S. 75) und Pellkartoffeln (s. S. 32).

Krabbendip

1 Becher Sahne, Abrieb von 1/2 Zitrone, 50 g gepulte Krabben, Salz, Dillspitzen

Sahne mit Zitronenabrieb vermischen. Die Krabben hacken und unterrühren. Mit Salz und Dillspitzen würzen. Schmeckt gut zu Folienkartoffeln (s. S. 75).

Zitronendip

1 Becher Crème fraîche, Abrieb und Saft von 1 unbehandelten Zitrone, Zucker

Crème fraîche mit Zitronensaft verrühren und mit Zucker abschmecken. Dazu Kaviar oder Lachsstreifen reichen. Schmeckt gut zu Folienkartoffeln (s. S. 75).

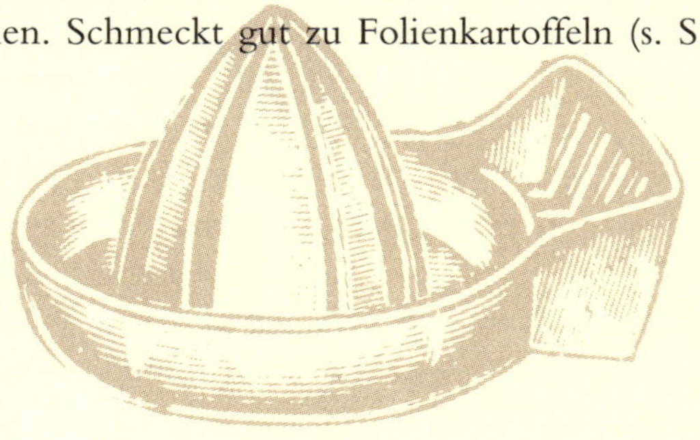

Saucen aus Kartoffeln

Kartoffelschnee oder -brei ist nicht nur Grundlage und Bindemittel für viele Saucen. Eine roh geriebene mehlig kochende Kartoffel sorgt dafür, dass der Fond klar und glänzend bleibt, Sahnesaucen keine Haut bekommen und kalorienärmer sind, als wenn Sie mit Mehl oder Butter andicken. Die in der Kartoffel enthaltene Stärke wird durch Aufkochen freigesetzt und bindet gut.

Kartoffelsauce

200 g Kartoffeln (mehlig kochend), Salz, 1 Zweig Rosmarin,
3 EL Crème fraîche, 100 ml heiße Milch, 1 EL geriebener Meerrettich,
1 EL Kapern, weißer Pfeffer, 1 Bund Schnittlauch

Die Kartoffeln in Salzwasser mit Rosmarinzweig garen. Schälen, durch eine Presse drücken und leicht salzen. Mit Crème fraîche und heißer Milch bis zur Saucensämigkeit verschlagen. Mit Meerrettich, Kapern und Pfeffer würzen und mit etwas Kapernsud abschmecken. Warm halten. Den Schnittlauch in feine Röllchen schneiden und untermischen.
Sie können die Sauce z.B. als Spiegel auf einen Teller gießen, darauf gekochtes Fleisch oder gebratenes Fischfilet legen und mit Kapernäpfeln garnieren (Kapern sind die Blütenknospen des Kapernstrauches, Kapernäpfel sind die Früchte).

Kartoffeldressing I

2 gekochte Kartoffeln (mehlig kochend), 2 EL Knoblauchessig,
2 EL Olivenöl, 4 EL cremig gerührter Joghurt,
1 Knoblauchzehe, Salz, Pfeffer

Die Kartoffeln mit einer Gabel fein zerdrücken und mit Essig, Öl und Joghurt cremig rühren. Die Knoblauchzehe abziehen und fein hacken. Die Sauce mit Salz und Pfeffer abschmecken. Schmeckt hervorragend zu Bauernsalat und Feldsalat.

Kartoffeldressing II

2 gekochte Kartoffeln (mehlig kochend), 2 EL Essig, 1 EL Sherry,
4 EL Joghurt, 2 EL Walnussöl, 1 Knoblauchzehe, fein gehackt,
Salz, Pfeffer, 1 EL gehackte Walnüsse

Alle Zutaten, bis auf die Nüsse, in einen Mixer geben und schaumig schlagen. Die Nüsse trocken in einer Pfanne rösten und zum Schluss unterheben. Diese Sauce schmeckt gut zu Salaten oder Pellkartoffeln.

Griechische Knoblauchcreme

4 Pellkartoffeln (mehlig kochend), 5 Knoblauchzehen, etwas Salz,
1 Eigelb, 1/8 l Oliven- oder Knoblauchöl, 2 EL Weißweinessig,
2 EL griechischer geharzter Weißwein (Retsina), 1 TL Zucker oder Honig

Die noch heißen Pellkartoffeln schälen und durch eine Presse drücken. Die Knoblauchzehen abziehen und pressen. Alle Zutaten zu einer geschmeidigen Sauce vermengen.

In Griechenland dippt man gebratene Auberginen- oder Zucchinischeiben in die Sauce oder serviert sie zu kurz gebratenem Fleisch oder Fisch.

Kartoffeldip

4–6 Pellkartoffeln (mehlig kochend), 4 Knoblauchzehen, Salz, Pfeffer, 100 g saure Sahne, einige EL süße Sahne

Die Kartoffeln heiß pellen und grob zerdrücken. Ebenso die Knoblauchzehen schälen und zerquetschen. Beides mit Salz und Pfeffer würzen und mit saurer Sahne verrühren. So viel Sahne zugeben, dass die Masse nicht mehr bröckelt. Als Aufstrich für dunkles Brot oder als Dip zu Fleisch und Fisch servieren.

Dem Lande blieb ich ferne,
Wo die Orangen glühn;
Erst kennt ich jenes gerne,
Wo die Kartoffeln blühn.

(Aus „Wanderung", Ludwig Uhland)

VON HERZHAFT BIS SÜSS: KÖSTLICHES GEBÄCK

Unsere Großmütter wussten schon, was ihrem Gebäck so viel Lob einbrachte. Es war (und ist natürlich heute noch) das Kartoffelmehl – die Stärke, die Brot und Gebäck so luftig werden lässt. Damals gab es sie noch nicht zu kaufen, und so mussten unsere Altvorderen zu anderen Mitteln greifen. Das Stärkemehl aus den Kartoffeln zu filtern war ein mühsamer Prozess, deshalb verwendete man die ganze Kartoffel, zumal sie ja auch noch geschmacksneutral war und sich jedem Rezept anpasste. Allerdings ist bei der Dosierung Vorsicht geboten. Wie schrieb Henriette Davidis in ihrem Praktischen Kochbuch für die gewöhnliche und feinere Küche so treffend über die Anwendung von Kartoffelmehl: „So sehr ich das Kartoffelmehl zur guten Zubereitung mancher Speisen für unentbehrlich halte, so sehr habe ich mich davon überzeugt, daß manche durch unrichtige und übertriebene Anwendung desselben die Speisen zum Mehlkleister machen.“

Kartoffelbrot

200 g Kartoffelschnee (s. S. 38), 60 g Hefe, 1 TL Zucker, 4 EL Sirup, 40 g Schmalz, 750 g Reismehl, ½ TL Salz, Fett für die Form

Den Kartoffelschnee mit ⅛ Liter lauwarmem Wasser gut verschlagen. Die Hefe mit dem Zucker und abermals ⅛ Liter lauwarmem Wasser glatt rühren und in die Kartoffelmasse arbeiten. Sirup, Fett, Reismehl und Salz vorsichtig unterrühren. Der Teig muss sehr klebrig sein. Warm stellen und gehen lassen. Gut durchkneten und dabei eventuell noch Mehl einarbeiten. Den Teig in eine mit Fett ausgestrichene Kastenform füllen und im vorgeheizten Ofen bei 200 °C etwa 1 Stunde backen.

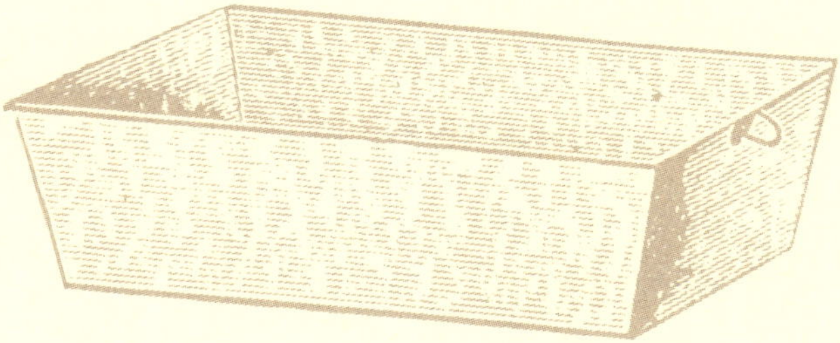

Kartoffelhörnchen

250 g Kartoffeln (mehlig kochend), 250 g Mehl, 40 g Butter, 100 g Zucker, 1 Päckchen Vanillezucker, 1 Messerspitze Hirschhornsalz
Außerdem: Marmelade, 1 Eigelb, Fett für das Backblech

Die Kartoffeln am Vortag kochen und pellen. Am nächsten Tag durch die Presse drücken. Mehl und Butter verkneten, dann die Kartoffelmasse und die übrigen Zutaten darunter mischen. Den Teig gut durcharbeiten, etwa ½ Zentimeter dick ausrollen und in etwa 10 x 10 Zentimeter große Quadrate schneiden (oder ausradeln). In die Mitte jeweils gut 1 Teelöffel Marmelade setzen und von einer Spitze her zu Hörnchen aufrollen. Mit Eigelb bestreichen und auf ein mit Fett bestrichenes Backblech setzen. Im vorgeheizten Ofen bei 175 °C in etwa 20 Minuten knusprig backen. Am besten schmecken sie frisch vom Blech.

Kartoffelpizza

Teig: 1 kg Kartoffeln (mehlig kochend), 2 Eier, 6 EL Sahne, 100 g geriebener Gouda, Salz, Pfeffer, Oregano
Belag: 500 g Tomaten (möglichst fleischige), 200 g Mozzarella, 200 g gekochter Schinken in Scheiben, 50 g geriebener Gouda, Salz, Pfeffer, Oregano

Die Kartoffeln schälen, raspeln und fest ausdrücken. Die Eier mit Sahne, Gouda und den Gewürzen verrühren. Mit der Kartoffelmasse vermengen. Eine Fettpfanne des Backofens mit Backpapier auslegen. Einen Kuchenring ganz weit ausziehen. Den Teig hineinstreichen. Im vorgeheizten Ofen bei 200 °C 20 Minuten backen. Die Oberfläche des Kuchens sollte trocken und ganz leicht gebräunt sein. Inzwischen den Belag vorbereiten. Die Tomaten in Scheiben schneiden, ebenso den Mozzarella. Die Schinkenscheiben vierteln.
Den vorgebackenen Teig abwechselnd fächerartig mit Tomaten, Schinken und Mozzarella belegen. Mit Salz, Pfeffer und Oregano bestreuen. Zuletzt den Gouda darüber streuen. Wieder in den Ofen schieben und nochmals 15 Minuten backen. Heiß mit einem leckeren Salat servieren.

☞ Statt gekochtem Schinken Salami, Würfel von luftgetrocknetem Schinken, Thunfisch oder Krabben nehmen.

☞ Zusätzlich oder anstelle der Tomaten Spinat, Zwiebelwürfel und Knoblauch verwenden.

☞ Eine Quiche wird daraus, wenn Sie alles mit Eiersahne übergießen. Dazu verquirlen Sie 2 Eier mit 1/4 Liter Sahne und würzen mit etwas Salz und Pfeffer. Wenigstens 20 Minuten backen.

Gugelhupf, Großmutters Art

Als das Kartoffelmehl noch zu teuer für Großmutters Haushaltsbörse war, mischte sie in den Teig gekochte, pürierte Kartoffeln. Denn Kartoffelstärke macht einen Kuchen besonders locker und saftig.

500 g Kartoffeln (mehlig kochend), 250 g Mehl, 40 g Hefe,
etwas Wasser oder Milch, 100 g gemahlene Mandeln,
100 g Marzipanrohmasse, 100 g Zucker, 100 g Butter,
1 Prise Salz, 1 EL abgeriebene unbehandelte Zitronenschale,
5 Eier, Puderzucker zum Bestäuben

Die Kartoffeln schälen und kochen. Nach dem Auskühlen durch eine Presse drücken. Das Mehl in eine große Schüssel sieben. In die Mitte eine Kuhle drücken. Hefe mit etwas lauwarmem Wasser oder lauwarmer Milch glatt rühren und in die Mehlkuhle gießen. Mit etwas Mehl vom Rand der Kuhle zu einem weichen Vorteig rühren. Die Schüssel abdecken und warm stellen. Wenn sich das Volumen verdoppelt hat, kann der Teig weiterverarbeitet werden. Inzwischen die Mandeln in einer Pfanne trocken rösten. Die Marzipanrohmasse mit dem Zucker verkneten. Die Butter zugeben und glatt rühren. Salz und Zitronenschale einarbeiten. Nach und nach die Eier unterrühren. Kartoffeln, Mehl, Vorteig und Marzipanmasse zu einem glatten Teig verarbeiten. Eine Gugelhupfform ausfetten und bemehlen. Den Teig einfüllen. Den Backofen auf 200 °C vorheizen. Währenddessen den Teig gehen lassen. Im Ofen auf der unteren Schiene 50–60 Minuten backen. Im abgeschalteten Ofen noch 10 Minuten ruhen lassen. Danach auf ein Kuchengitter stürzen und auskühlen lassen. Mit Puderzucker bestäubt servieren.

Apfelkuchen

Teig: 500 g Kartoffeln (mehlig kochend), 6 Eier, 300 g Zucker, 50 g Korinthen oder Rosinen, 50 g gehackte Mandeln, Saft von 1 Zitrone, Butter für die Formen, Paniermehl
Apfelpudding: $^{1}/_{2}$ l Apfelsaft, 1 Päckchen Vanillepuddingpulver, 2 EL Zucker, 6–8 Äpfel (z.B. Boskop)
Außerdem: 2 EL Butter, $^{1}/_{2}$ l Sahne (evtl. 1 Päckchen Sahnesteif)

Die Kartoffeln schälen, ohne Salz kochen, abkühlen lassen. 200 Gramm davon in kleine Stücke schneiden. Den Rest stampfen oder durch die Kartoffelpresse drücken.
Die Eier trennen. Die Eigelbe mit 250 Gramm Zucker zu einer schaumigen Masse verrühren. Die Eiweiße mit dem restlichen Zucker steif schlagen und unter den Eischaum heben. Korinthen oder Rosinen, Mandeln und Zitronensaft hinzugeben. Zwei Drittel dieser Masse mit den gestampften Kartoffeln verrühren. Das letzte Drittel mit den in Stücke geschnittenen Kartoffeln vermischen. 2 Springformen (Durchmesser 26 Zentimeter) einfetten und mit Paniermehl ausstreuen. Die beiden Formen mit den unterschiedlichen Teigmassen füllen und im vorgeheizten Ofen bei 180–200 °C ca. 50 Minuten backen.
In der Zwischenzeit den Apfelpudding herstellen: Dazu den Apfelsaft mit dem Puddingpulver plus Zucker erst vermischen, dann kurz aufkochen lassen und kalt stellen. Äpfel schälen, in Stückchen schneiden und in etwas Wasser nicht zu weich dünsten. Abgekühlt unter den Pudding heben.
Die Böden aus dem Backofen nehmen und auskühlen lassen. Den dünnen Boden zerkrümeln und in der Pfanne mit 2 Esslöffel Butter rösten. Um den dicken Boden einen Tortenring legen. Den Apfelpudding auf dem Boden verteilen. Darauf $^{2}/_{3}$ der – evtl. mit Sahnesteif – steif geschlagenen Sahne streichen und mit den angerösteten Teigbröseln belegen. Zum Schluss ein paar Sahnekleckse zur Verzierung obenauf geben. Den Tortenring entfernen und dann noch den Rand dünn mit Sahne bestreichen.

Schweizer Kartoffeltorte

200 g Kartoffeln (mehlig kochend), 4 Eigelb, 200 g Zucker,
Saft und Schale von 1 unbehandelten Zitrone, 3 EL Sahne,
3 EL Kirschwasser, 100 g gemahlene Nüsse, 100 g gemahlene Mandeln,
60 g Grieß, 1 TL Backpulver, 5 Eiweiß, Butter für die Form,
250 g Himbeerkonfitüre, 2 EL Himbeersirup,
Puderzucker zum Bestäuben, Haselnüsse zum Garnieren

Die Kartoffeln am Vortag kochen. Am nächsten Tag pellen und so fein wie möglich reiben. Die Eigelbe mit dem Zucker schaumig rühren, nach und nach Zitronensaft und -schale, Sahne und Kirschwasser einarbeiten, bis eine cremige Masse entstanden ist. Dann Kartoffelmasse, Nüsse, Mandeln, Grieß und Backpulver untermischen. Die Eiweiße zu steifem Schnee schlagen und locker unterheben. Eine Springform von 26 Zentimetern Durchmesser einfetten und den Teig hineinfüllen. Den Kuchen im auf 180 °C vorgeheizten Backofen 45 Minuten backen. Aus der Form lösen und auf einem Kuchendraht abkühlen lassen. Dann quer durchschneiden und mit Himbeerkonfitüre füllen. Außen mit Himbeersirup einpinseln und dick mit Puderzucker bestäuben. Obenauf mit Haselnüssen garnieren.

Kartoffelkuchen

250 g Kartoffeln (mehlig kochend), 50 g Rosinen,
4 cl Rum oder Weinbrand, 6 Eier, 150 g Zucker,
1 Prise Salz, abgeriebene Schale von 1 unbehandelten Zitrone,
100 g gemahlene Mandeln, 50 g Zitronat, Butter für die Form,
1 EL Paniermehl, Puderzucker

Am Vortag die Kartoffeln kochen und pellen. Am nächsten Tag die gewaschenen Rosinen in eine Schüssel geben. Mit Rum oder Weinbrand begießen und 1 Stunde quellen lassen. Die Kartoffeln fein reiben. Die Eier trennen. Die Eigelbe in einer großen Schüssel mit Zucker und Salz schaumig rühren. Nach und nach die Zitronenschale, die Mandeln und das fein geschnittene Zitronat dazugeben. Dann die Kartoffelmasse und die abgetropften Rosinen untermischen. Die Eiweiße steif schlagen und vorsichtig unterziehen.

Eine Springform von 24 Zentimetern Durchmesser einfetten und mit Paniermehl ausstreuen. Den Teig einfüllen und im auf 180 °C vorgeheizten Ofen 1 Stunde garen. Den Kuchen aus der Form lösen, auf einem Kuchendraht abkühlen lassen und mit Puderzucker bestäuben.

Küsse vergehn,
Kochkunst bleibt bestehen.

(George Meredith)

VERFÜHRERISCH: SÜSSSPEISEN

In Süddeutschland, Böhmen und Mähren weiß man es schon lange: Süßspeisen aus Kartoffeln sind eine Delikatesse – als Hauptgericht ebenso wie als Nachspeise. Da die Kartoffeln zur Bindung der Speisen beitragen, sollten Sie stets mehlig kochende Sorten verwerten.

Marillenknödel

Ein berühmtes Rezept! Marillen heißen in Österreich die Aprikosen.

Knödel: 1 kg Kartoffeln (mehlig kochend), Salz, 200 g Mehl,
1 Prise Salz, 2 Eier, 1 EL Zucker
Füllung: je Knödel 1 Aprikose und 1 Stück Würfelzucker
Außerdem: Zimtzucker, gebräunte Butter

Die Kartoffeln schälen und in Salzwasser garen. Danach abdampfen und noch heiß durch die Kartoffelpresse drücken. Auskühlen lassen. Dann Mehl, Salz, Eier und Zucker einarbeiten, so dass ein geschmeidiger Teig entsteht. Diesen gut durchkneten.
Die Aprikosen halbieren. Den Stein entfernen. Dafür jeweils 1 Stück Würfelzucker in die Höhlungen legen und die Hälften wieder zusammensetzen.
Mit einem Esslöffel vom Teig Bällchen abstechen. Mit nassen Händen 1 Aprikose in jeden Knödel drücken und rund formen. Wenn aller Teig verbraucht ist, die Knödel vorsichtig in leicht siedendes Wasser legen und ziehen lassen (bitte nicht kochen lassen, sie zerfallen zu schnell!). Wenn sie an die Oberfläche steigen und sich leicht drehen, sind sie gar. Mit einer Schaumkelle herausnehmen, mit brauner Butter übergießen und mit Zimtzucker bestreuen. Marillenknödel kann man als Nachtisch und auch als Hauptgericht servieren.

☞ Ebenso bekannt und beliebt sind Pflaumenknödel. Sie werden wie Marillenknödel zubereitet.

☞ Etwas ausgefallener sind Schokoladenknödel. Dafür die Knödel mit einem Stück Vollmilch- oder Zartbitterschokolade füllen. 200 Gramm Löffelbiskuit zerbröseln und mit 100 Gramm Butter, 1 Esslöffel gemahlenen Mandeln und 50 Gramm Zucker in einer Pfanne goldgelb rösten. Die gegarten Knödel in dieser Mischung wälzen. Bis zum Verzehr warm stellen. Dazu Vanillesauce servieren.

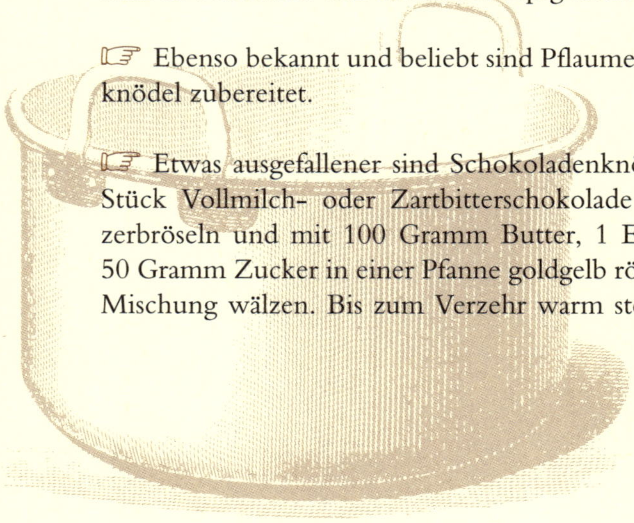

Kartoffelpudding

*250 g Kartoffeln (mehlig kochend), 300 g gemischtes Backobst,
100 g Maraschinokirschen mit etwas Likör, 4 Eier, 1 Prise Salz,
1 Glas Südwein, 100 g Zucker, 100 g gehackte Mandeln,
Fett für die Form*

Die Kartoffeln am Vortag kochen und pellen. Dann reiben. Am nächsten Tag das Backobst und die Kirschen klein schneiden, die Eier trennen. Die Eiweiße mit einer Prise Salz zu Schnee schlagen. Alle Zutaten vermengen, zuletzt den Schnee unterheben. Die Masse in eine mit Fett ausgestrichene Puddingform füllen und im Wasserbad ca. 1 Stunde kochen lassen. Weitere 15 Minuten im Wasser ruhen lassen, danach stürzen und heiß mit einer Weinschaumsauce genießen.

Kartoffelschmarren

Der Kartoffelschmarren ähnelt dem Wiener Kaiserschmarren. Durch die Kartoffeln wird er voluminöser und etwas fester, schmeckt aber gleich gut.

*500 g Kartoffeln (mehlig kochend), 3 EL Butter,
40 g geriebene Haselnüsse oder Mandeln, 3 Eier, 100 g Zucker,
1 Prise Salz, 50 g Rosinen oder Korinthen, Fett zum Braten*

Die Kartoffeln am Vortag kochen, schälen und durch die Presse drücken. Am anderen Tag mit Butter und Nüssen oder Mandeln vermengen. Die Eier trennen. Die Eigelbe mit der Hälfte des Zuckers verquirlen und unter die Kartoffelmasse mengen. Die Eiweiße mit etwas Salz zu steifem Schnee schlagen. Die Rosinen oder Korinthen und den Eischnee vorsichtig unter den Teig heben. Reichlich Fett in einer großen Pfanne erhitzen. Aus dem Teig portionsweise kleine helle Pfannkuchen backen. Diese mit 2 Gabeln in der Pfanne zerreißen, den restlichen Zucker darüber streuen und unter häufigem Wenden goldbraun backen. Dazu Preiselbeerkompott servieren.

Williams Kartoffeln

1 Grundrezept Gekochte Klöße (s. S. 48),
statt Muskatnuss knapp 1 EL Zucker verwenden
Füllung: 1 TL Butter, 1 EL Zucker, 1 TL Zimt,
50 g gehackte Mandeln, 50 g Rosinen
Außerdem: Zwiebackmehl, 2 EL Kokosraspel, einige Gewürznelken,
Fett zum Ausbacken

Den Kloßteig mit Zucker statt Muskat herstellen. Für die Füllung Butter und Zucker in einer Pfanne karamellisieren lassen und Zimt, Mandeln und Rosinen untermischen, etwas abkühlen lassen. Aus dem Teig Knödel in Birnenform fertigen. In die Mitte jeweils etwas Karamellmasse geben.
Das Zwiebackmehl mit den Kokosraspeln vermischen und die Klöße darin wenden. In die panierten „Birnen" als Blütenstand kleine Nelkenköpfe drücken. In heißem Frittierfett braun ausbacken. Dazu serviert man Vanilleeis und Schokoladensauce.

☞ Schwarzes Johannisbeergelee mit 2 Esslöffeln Cassislikör erhitzen und zu den Klößen servieren.

☞ 1/4 Liter Rotwein und 1/8 Liter Wasser mit Gelatine nach Vorschrift anrühren. Eine flache Schale damit ausgießen. Erstarren lassen, danach in Würfel schneiden und mit den Knödeln anrichten.

Sächsische Quarkkeulchen

500 g Pellkartoffeln (mehlig kochend), 2 Eier, 2 EL Butter, 60 g Zucker, 1 Prise Salz, 1 Spritzer Zitronenöl oder abgeriebene Schale von 1 unbehandelten Zitrone, 250 g trockener Magerquark oder Frischkäse, 3 EL Mehl, evtl. 50 g Rosinen
Außerdem: Öl zum Braten, Zimt und Zucker zum Bestreuen

Die Kartoffeln pellen und reiben. Eier, Butter und Zucker schaumig schlagen. Salz, Zitronenöl oder Zitronenschale und Quark bzw. Frischkäse einrühren. Danach Mehl, Kartoffelmasse und evtl. Rosinen untermengen und so lange rühren, bis ein glatter Teig entsteht. Kleine flache Klöße formen und in einer Pfanne mit heißem Öl von beiden Seiten braun braten. Mit Zimt und Zucker überstreuen. Dazu eine Vanillesauce oder Kompott reichen.

Bayerische Maultaschen

1 kg Kartoffeln (mehlig kochend), 150 g Mehl, 1 Prise Salz, 2 Eier, 100 g Butter, 500 g Äpfel, 125 g Zucker, evtl. 50 g Rosinen, $^1/_4$ l saure Sahne, Fett für die Form, $^1/_4$ l heiße Milch

Die Kartoffeln kochen, pellen und noch heiß durch eine Presse drücken. Abkühlen lassen. Mit Mehl, Salz und Eiern zu einem glatten Teig kneten. Ausrollen und tellergroße Stücke ausschneiden. Mit einem Teil der zerlassenen Butter bestreichen. Die Äpfel schälen und entkernen. In dünne Scheibchen schneiden, mit Zucker vermengen, evtl. auch mit Rosinen. Die saure Sahne auf den Teig streichen, die Äpfel darauf verteilen und aufrollen. Nebeneinander in eine gefettete Auflaufform legen. Mit der restlichen Butter bestreichen. Im vorgeheizten Ofen bei 200 °C 40–45 Minuten backen. Kurz vor Ende der Backzeit die heiße Milch über die Maultaschen gießen. Sie sind gar, wenn alle Milch aufgesogen (oder verkocht) ist und die Maultaschen eine braune Oberfläche haben. In der Form servieren.

VERZEICHNIS DER REZEPTE

Wärmend und wohltuend: Suppen und Eintöpfe

Immer gut: Salz- und Pellkartoffeln

Locker-leicht: Schnee und Püree

Eine runde Sache: Knödel und Klöße

Herrlich deftig: Kartoffeln aus der Pfanne

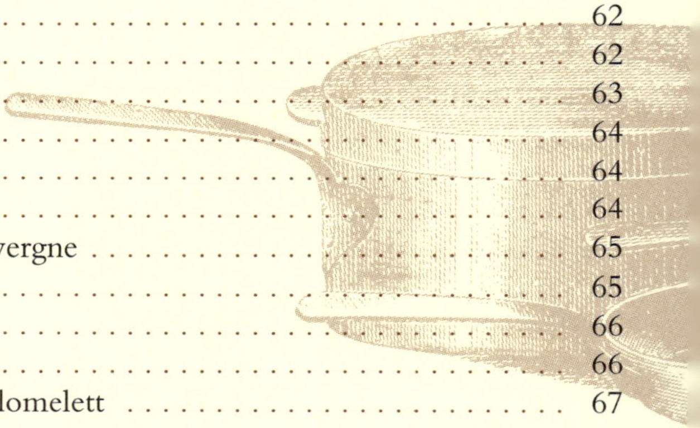

Heiß auf den Tisch: leckere Ofengerichte

Pikant und raffiniert: Salate

Saucen und Dips

Saucen zu Kartoffeln

Saucen aus Kartoffeln

Von herzhaft bis süß: köstliches Gebäck

Verführerische Süßspeisen